華僑協會總會八十會慶史料叢刊之一

吳鐵城資料新發現

座談會實錄

總策劃 **林齊國**/總纂 **陳三井**

作者 **呂芳上、劉維開、黃克武、蘇聖雄、徐丞億**

目次

座談會會場一景

座談會會場一景

創會八十週年慶祝大會現場之一

壹、開幕式致詞

林齊國理事長

　　我們剛剛看了會史影片，令人感動。八十年前也就是中華民國抗戰最艱辛的時期，創會理事長吳鐵城先生奉命前往南洋募款抗日，南洋僑胞慷慨捐輸，愛國熱情令人感動，回國後成立了華僑協會總會。而後又隨著國府來到臺灣，督促政府通過〈獎勵華僑回國投資條例〉，引進僑資發展經濟，臺灣經濟發展之有今日繁榮，華僑功不可沒。八十年來，有九位理事長帶領華僑協會總會，每位理事長不論在政界僑界、學術界及軍界都非常有成就，而本人是僑生出身，因為成績優，曾經獲得高信委員長頒贈金筆。學成畢業後，回到僑居地寮國開展事業。詎料，1975年政權更迭，寮共執政，於是選擇來到文化背景相同的臺灣，到現在也快半個世紀了。也因為來到臺灣，而能發展自己的事業。今天是華僑協會總會創會八十週年，我們大家一起攜手奮進，光大先賢創會宗旨，弘揚華僑愛國精神，恢宏中華文化。

貳、座談會致詞

陳三井常務理事

學術是天下公器，歷史也是大家可以自由悠遊的天地。如眾所知，人人可以為自己立傳寫回憶錄，同樣的道理，也無人阻止你為他人代筆撰寫口述訪問或傳記。難怪書肆中最暢銷的史書，可能就是堆滿書架、琳瑯滿目的古今中外歷史人物傳記。某次，僑總餐會時有幾位會員同仁向我建議，想為本會歷任理事長撰寫傳記。個人樂觀其成，完全同意。不過，事有先後和輕重緩急。今天這個座談會，就是先為創會會長吳鐵城先生撰寫新傳做準備工作。史料對於史家永遠是第一件必備工作，有如興建萬丈高樓，必須先從地基打起一樣。

鐵城先生不僅是本會創會會長，他早年追隨林森、孫中山革命，不僅是謀士，也是鬥士，後來追隨蔣中正抗戰建國、戡亂保國，歷任上海特別市長、廣東省主席、中央海外部長、秘書長，行政院副院長兼外交部長，更是名符其實的國士，於黨、政、軍、警、僑務和外交等方面，鞠躬盡瘁，著有勳績。

遺憾的是，他在民國 42 年（1953）逝世後，由三民書局出

版的《吳鐵城回憶錄》（1971 年 2 月初版）並非完畢之作（原列大綱 14 章，僅完成 6 章，敘事僅至民國 15 年 10 月），這是為何事隔一甲子之後，我們認為已到了歷史已經走過清澈沉澱，檔案材料已大量出土開放，必須先從基礎建設做起，為鐵城先生新寫一本傳記，而不是僅僅的代他完成未完成的回憶錄。這是召開本次資料新發現座談會的用意。

我們很榮幸，邀請到 5 位學有專長，從經驗豐富、著作等身的名家到年輕的後起之秀，一起從不同的面向來介紹、導讀有關鐵城先生少為人知的新資料，包括他罕見的幾本小冊子，和珍藏於國史館中為數幾千件的重要來往文電，以及上海最古老的《申報》相關的報導。他們就像引路人一樣，透過他們的經驗指引，可以為有興趣想進一步書寫吳鐵城的後之來者少走一些冤枉路。所以說，他們是 5 位吳鐵城資料的「最佳拍檔」，更是未來形塑吳鐵城新傳的「黃金陣容」。

現在，讓我一一簡單介紹 5 位引言人。第一位是呂芳上教授。他是臺灣師大的歷史博士，先後在黨史會、近史所（所長）、國史館（館長）服務過，著作宏富，《朱執信與中國革命》、《革命之再起—中國國民黨改組前對新思潮的回應》、《從學生運動到運動學生》，是他做學生時代的成名著作。他不僅自己能做研究，也是史學界的領導幹才，他在近史所所長和國史館館長兩個重要史政機關任內，所主辦的學術活動和出版的檔案，至今廣受學界推崇，他目前還主持「民國歷史文化學社」，出版品堆積如山，單是名人日記便有數十種、逾百冊之多。形塑新傳記，需要

有一點理論掛帥，才不落俗套，有所創新。我們期待呂教授，以他治史、閱史的豐富經驗，像引路人一般，為我們開創出一條超越前人視野的寬闊大道。在這裡有請呂教授，大家鼓掌歡迎。

參、漫談傳記的形塑：
近代歷史人物研究管窺

呂芳上

一、前言

感謝僑協陳三井教授的邀約，使我有機會整理個人及學界前輩對近代人物書寫的思考。因係報告稿不用論文形式呈現，參考及徵引書目則列在文後，提供讀者查參。

在歷史學中，近代人物的研究有屬個人的如傳記、評傳，有群體的如合傳、列傳；有自述的如自傳、回憶錄，也有他人的著述，如口述歷史、訪問紀錄；論出版，有人物叢刊，有傳記叢書等。《四庫全書總目提要》謂：「敘一人之始末者為傳之屬，敘一事之始末者為記之屬」，合之為「傳記」，而歷史是由人與事構成。司馬遷書寫的《史記》是紀傳體，敘事既真又美，記述齊桓、晉文之事相當生動引人，〈項羽本紀〉簡直成為傳記經典之作。

在史學方法上，研究人物最好是如劉知幾《史通》所言，應

具史才、史學、史識，即文、史、哲兼備，亦即最好要有文學才華、翔實史料和哲學思辨的能力。

二、傳記資料

有人說，每個人都是一部活著的歷史，美作家愛默生（Ralph W. Emerson）更說：「沒有歷史，只有傳記」，都在強調「人」是歷史的主角。實者，個人更屬歷史潮流的產物，魯濱遜（Robinson）式漂流孤島一人自成一世界，絕難想像。歷史靠資料，如何解讀史料很是重要，史事、史實是客觀，研究是主觀的。時代背景固需掌握，「近代」重點尤其得在「變」中求理解。傳記書寫，應充分了解傳主的成長過程、內心世界和他的時代；傳主在不同階段、不同環境中扮演不同角色，於是血緣、地緣、學緣、業緣、姻緣的網絡與互動，及布爾迪厄（Pierre Bourdieu）所說的慣習等，影響不可小覷。17 世紀英護國主克倫威爾（Oliver Cromwell）對為他作傳者說：「畫我需像我」（Paint me as I am）。寫傳記宜大處著眼、小處著手、以小見大。材料包括自傳、著作、年譜、口述史、日記、文件、報刊、公私信函、聲音影像、譜諜、碑銘、物品，近年更利用網路、電子資料庫等，資料來源益見擴大。新資料的出土，新議題的出現，更可能改寫歷史。不過，資料本身的顏色要加過濾，宣傳品、黨派相互攻訐、醜化對方的史料不可用，這是一般歷史研究的通則。

三、時代與人物

梁啟超說「風雲入世多，歲月擲人急」，近代史上每個階段、每個領域都有它不同歷史人物、各有其時代特色。例如：19世紀中葉，林則徐、魏源、洪秀全等，由「舊」入「新」的時代，開眼看世界。魏源《海國圖志》內容雖不無舛誤，卻是中國人研究介紹外國較早、較完整的第一本書，那時候道光皇帝連香港在哪也不知道，魏源已開講世界地理，並提出夷制夷、以夷款夷、師夷之長技以制夷之說，可說是一位開風氣之先的讀書人。到19世紀下半葉，在社會上出現有洋務派、改良派、頑固派的說法。頑固派在自強運動時期代表人倭仁、徐桐，他們反洋務，以為「立國之道尚理義而不尚權謀，根本之圖在人心而不在技藝」；戊戌時期王先謙辦洋務但反變法，以為傳統綱常名教、禮儀政治不可變，1900年甚至與葉德輝涉入揭發自立軍起事密謀，辛亥前一年則見消極的支持革命。義和團事變後，頑固派被摧毀，為時代淘汰。曾國藩、李鴻章、左宗棠、張之洞等洋務派人物上場，他們同中有不同，洋務派與改良派也異中有同。

戊戌時期（1895-1900），代表人物是康有為、梁啟超、譚嗣同等人。時代特點是維新變法，救亡圖存。1895至1898年是「康梁旋風」的時代。後來康黨許多人因政變失敗而流亡海外，康仍主立憲，雖還具鬥志，有衝擊力，但流亡時周遊11國，只見退步，入民國後反成落伍者，可能與君憲運動破滅有關。梁啟超則流質

多變，後人評價不一，在思想文化學術貢獻更大些，當時人受梁文字及主張影響實大，毛澤東自承早年喜讀梁著，並以「子任」為號；蔣中正 1938 年起大量閱讀梁著，1942 年力主褒揚梁，可見一斑。

庚子事變後至辛亥時期，重要人物如秋瑾、孫中山、黃興、章太炎外，陳天華〈警世鐘〉、〈猛回頭〉，鄒容〈革命軍〉，他們風雷激盪的作品，成了時代號角。

民初袁世凱之外，派系軍閥政治下，直皖奉馮段張，評價不一，裂土為王，終是國家統一障礙。

五四前後人物，自由主義者胡適、社會主義者陳獨秀，共產主義者李大釗、無政府主義者蔡元培、吳稚暉、張靜江、李石曾等人有想法、有作為。國民黨孫中山、蔣中正、戴季陶、汪精衛，共產黨李大釗、毛澤東、周恩來，均一一浮現。「解放」、「主義」、「革命」旗幟下，許多新人物多活躍於新時代的政治及文化舞臺。

北伐至抗戰時期，南京國民政府及其反對派人物可討論者，除蔣中正、汪精衛、胡漢民等人及黨內各派系人物外，地方領袖如西北馮玉祥、山西閻錫山、東北張作霖父子、雲南龍雲、青海馬家、桂系李宗仁、白崇禧等人，反對派共黨人物之崛起，均可注意。僑界如陳嘉庚、胡文虎兄弟等，均赫赫知名。學者如能不受黨派及意識形態局限進行研究，成果當會更客觀些。

以上所舉多以政治人物為主，實際上社會千百種領域均有重要歷史人物，張玉法即指出十種名人，如電影明星、體育健將，

危害公共安全之盜匪，祕密社會人物，經營工商有成者，媒體人、
專業傑出者，政治運動家、國家領導人、倡導新文化者，特立獨
行者，各界均有頭角崢嶸之人，未及一一列舉。

四、研究方法與視角

　　人物一生有多種面向，想在傳記中作鉅細靡遺的討論，勢不
可能，提綱挈領，反易成形，曾國藩謂「萬山磅礴必有主峰，龍
袞九章但挈一領」之意在此。歷史研究貴在能「知人論世」，研
究歷史人物目的亦在此。其方法與視角，論者頗多，不妨綜合為
以下幾點：

（一）注意時代與層面。蔡鍔務實，非鄒容；巾幗英雄秋瑾為近
　　　代傑出女子，固非太平天國洪宣嬌、蘇三娘等近《水滸傳》
　　　顧大嫂者可比，後來向警予、何香凝、宋氏姊妹等著名女
　　　性，則已更超邁前賢。

（二）重視與時代、政治、社會的互動。近代中國自戊戌到
　　　1980 年代解嚴、改革開放，各有階段背景和特色，歷史
　　　舞臺上的人物也會如走馬燈般的新陳代謝，尤宜注意個人
　　　角色及與時代之互動。《陳獨秀自傳》說，一生歷經三變：
　　　康黨、革黨、共黨，均有時代脈絡可循。20 世紀中葉以
　　　後，王旗變幻，江山易色，馬克思主義唯物史觀在中國大
　　　陸一時風行，月旦人物多憑階級關係，近代許多人物面貌
　　　幾乎因之被全面重繪。對人物階級屬性或可留意，但不可

過度，如晚清洋行買辦（comprador 康白度），反帝時期被貶為洋人走狗，其實他們引入外國生產技術、國際貿易知識和方法，也有其正向貢獻，鄭觀應、楊坊、唐廷樞，甚至張謇等都是例子。時代變化、政權變易可能產生「反思史學」，但時勢再變，亦會發生「反反思史學」，百年來對曾國藩、慈禧、盛宣懷的評價變化就是顯著例證。80年代大陸有所謂「抬周（作人）貶魯（迅）」的「逆流」，拔高貶低由人，原因多半是人物研究過分受政治權勢擺布所致。所謂「恢復名譽」、「恢復歷史地位」，多是現實政治過度介入史學研究的結果，史學成了政治批判工具，總非正道。

（三）留意人物轉變的因子。翁同龢是同治、光緒帝師、戶部尚書，注意洋務，任軍機大臣，知悉中法戰爭、中日甲午之戰，對他有這樣背景認識，才知其主戰、維新之轉折；張謇在漢城看到朝鮮受日本侵辱，才會在甲午年對日主戰，其後從事實業救國活動。

（四）畫龍點睛品人物。撰寫人物傳記最好文字能刻畫生動、活潑又傳神。譚人鳳《石叟牌詞》，說「黃興雄而不英」、宋教仁「英而不雄」，其意以為黃興329之役時給子一歐訣別書，見其神勇，而辛亥時願推袁為大總統、勸袁加入國民黨，幾近憨厚；民國成立初，宋教仁力推政黨政治，放棄民生主義，拉攏官僚政客入黨，遭袁遣人刺殺，臨終前仍寄望於袁，其認知恐非人人能贊同。或謂袁世凱可為

曾國藩或華盛頓，不若蔡元培說的：袁只能做皇帝。吳鐵城一生追隨孫、蔣，游說奉方、圖治上海、綏靖邊鄰等種種事蹟，人所熟知。1929年年底，為疏通東北軍，吳再銜命由山西太原轉赴東北，在長春車站講了兩句經典話語：「不到東北不知東北之博大；不到東北不知中國之危機。」突出東北的重要性，很博得北方人好感。寫人物要點到要害，有理論思維，論從史出，理由事生，方能臻於上乘之作。

（五）注意人的生活細節。翁同龢政事不順心就練書法，抒發胸臆，也教光緒書畫；張謇實業救國，其賣字鬻畫均有意涵。蔣中正喜旅遊，每藉臨山近水休憩之際，深思國之要政。

（六）人物的評價，要善用比較法。擷取古今中外可比較的人物，縱的看創造性，功業是否承先啟後、超越前人；橫的看時代性，突出時代，功業不在地位顯赫與殊榮，而在貢獻之深淺有無，然後共論其得失之間，汪榮祖的《康章合論》（1988）是一個例子。

（七）嘗試利用心理學作人物研究。20世紀初葉，在西方依據奧地利心理學家弗洛依德（Sigmund Freud）心理學而有「心理傳記學」（psychobiography）流行，後來國內學者運用此法探索人物心態，進而激發歷史反省機杼的，中文作品如康綠島〈矛盾的梁啟超：一個心理學的解釋〉，（1985）；張灝《烈士精神與批判意識－譚嗣同思想的分析》，（1988）；韋政通《無限風光在險峰：毛澤東的性

格與命運》，（1999）；英文作品有陸培湧《蔣介石早年》
（1971），均屬新穎。

五、傳記與文學

　　1933 年胡適寫《四十自述》，序中說：「我們赤裸裸的敘
述我們少年時代的瑣碎生活，為的是希望社會上做過一番事業
的人，也會赤裸裸的記載他們的生活，給史家做材料，給文學
開生路。」傳記、文學創作之間，界限模糊，似同但又不同，
兩者均求文字美、可讀性高，但歷史小說允許虛構，歷史傳記
則十分要求真實。高陽、二月河寫的是歷史小說不是歷史，張
戎的《鴻》描述祖孫三代故事，又寫毛澤東、慈禧太后，介於
歷史與小說之間，也不好算是人物研究的學術性作品。美國史家
施勒辛吉（Arthur M. Schlesinger Jr.）寫甘迺迪《白宮一千日》（A
Thousand Days, 1965），獲 1966 年普立茲傳記獎；杜魯門任內的
國務卿艾奇遜回憶錄《獻身於創世紀：我在國務院的歲月》（*Dean
Acheson, Present at the Creation: My Years in the State Department*, 1969）獲
1970 年歷史類普立茲獎；芭芭拉塔克曼《史迪威和美國人在華經
驗，1911-1945》（*Barbara W. Tuchman, Stilwell and the American Experience
in China*, 1911-1945，1971）獲 1972 年跨傳記、歷史與新聞之「一
般非小說類」普立茲獎，可見同屬傳記，仍有分殊。

六、結語

　　或謂「人」如「文」,「文是山陵不喜平,千秋文章不近名」,
好文章如名山峻嶺,有稜有角,高低不平,蓊鬱又有聲色,人人
喜愛。人物傳記最好也能如此,先打好基礎、培養功力。廣讀精
用,基礎厚、研究深,是為功力,德、識、才、學兼具,能以古
證今,能以詩證史、引詩入史,文史相輔相成,讀者閱之既知個
人思想生平,復能瞭然社會歷史大勢,興味盎然,可為傳記成功
之作。

　　為古人立傳,最好能善待歷史人物,即應以歷史眼光看歷史
人物,不苛求,功過不由外在限止。要能兩兩比較,要理解帝王
將相之功非一人之略,要注意「時」與「勢」的搭配與推移。不
張眾、不專己,毀譽必有所恃。品評近代人物地位,尤忌以黨意、
私見作簡單決斷。「民國史上的人物變化很大,不要一下子把人
定死。這種變化至少有四種情況:好人變壞,壞人變好,好人越
變越好,壞人越變越壞。不要像小孩看戲一樣,紅臉白臉一清二
楚,毫無變化。好人越變越好的,如孫中山,晚年變得更好了。
壞人越變越壞的,如袁世凱,他一天也沒好過,到稱帝時壞到了
頂點。好人變壞的,如汪精衛。壞人變好的,如楊度。另外,好
人可以辦壞事,革命也會犯錯誤,這樣的例子不少。壞人有時也
可以辦點好事,如李準在黃花崗起義後,就放掉了但懋辛。要很
具體地分析,簡單的好人、壞人概念在歷史研究中是要不得的。

上面這段話，是 1980 年代，中國大陸學者李新批評當時大陸學界硬把歷史人物臉譜化的不當，雖然他原有的政治框架也不小，這時有感而發，則為中肯的話語。

　　當然，「好萊塢史觀」把歷史發展強調成個人的選擇和故事，一如好萊塢的大片，以人物的個性與愛惡、權力與慾望之展布，視為歷史推動的主因，絕非可取。歷史學家心中的公平客觀之尺，仍是研究歷史人物不可或忘的準則。

參考資料

梁啟超，〈三十自述〉，引自《飲冰室全集》卷 1，上海：中華書局，1941。

胡適，《四十自述》，臺北：遠流出版社，1986。

吳唅，《朱元璋傳》，北京：人民出版社，1985。

朱東潤，《張居正大傳》，上海：上海書店，1989。

溥儀，《我的前半生》，北京：群眾出版社，1964。

陳寅恪，《柳如是別傳》，上海：上海古籍出版社，1980。

平路，《行路天涯》，臺北：聯合文學，1995。

李懷印，《重構近代史國－中國寫作中的想像與真實》，北京：中華書局，2013。

杜維運，《聽濤集》，臺北：弘文館出版社，1985。

康綠島，〈矛盾的梁啟超：一個心理學的解釋〉，《漢學研究》，1985-6。

謝俊美，〈關於中國近代人物研究之我見〉《中國近代史》，2006-4。

張子俠，〈品評歷史人物的理論與方法〉，《史學月刊》，2004-9。

李新，〈關於民國人物研究的若干問題〉，《民國檔案》，1986-1。

張瑞德，〈心理學理論應用於中國傳記研究的一些問題〉，臺師大《歷史學報》，期 9。

陳三井博士回應

感謝芳上教授內容豐富的報告，他博覽群書（傳記和日記），引經據典，尤其對民初以來歷史人物傳記的形形色色做了不同點評，大家獲益良多。透過人物傳記的導讀，有如上了一課多彩多姿的民國歷史。

我初步有兩點回應，想在此提出請教呂教授。

第一點，為歷史人物寫傳並不容易，尤其想寫一本生動而成功可讀性高的傳記更難。最難的關卡在如何做到恰如其分，蓋棺定論？首先，要指出史家除是有感情的動物之外，他還有國家民族立場，黨派、地域、職業等分野，不容易超越；其次，寫傳的時間不能太近，年代越久遠，除了資料的相較完整外，也與時間的沉澱清澈透明有關；最後，寫傳者與傳主之間的人際關係不能太近過親，如父子關係、師生關係、長官與部屬關係等。關係太近，容易為親者諱、為師者諱，為賢者諱或長者諱；過親則容易焦點偏失，專講正面優點，而掩飾負面缺點，不易找到平衡點或難達客觀性。此與大作第四項第六點或有相通相關之處，請指教。

第二點，常云：「世間無完人」，但好壞標準如何釐定？有時，好人亦會幹下糊塗事，壞人亦有可能做出令人驚奇的好事。知識分子往往比較愛惜羽毛，丁文江（在君）說過：「出山要比在山清」這是學者從政的一句自我警惕的話嗎？但在現實的世界可能嗎？

下一位有請劉維開教授，維開教授原籍山西，政大歷史所博士，乃名史學家蔣永敬，李雲漢的高足，早年服務於黨史委員會，於中國國民黨黨史與民國歷史和材料特別嫻熟，我常把他當作一部走動的百科全書，有求必應，至今感念！劉教授後來轉到政大歷史系任教，最近才屆齡退休。他長期在史庫裡浸淫，所編的書和著作，質量均佳，較重要的有《國難期間應變圖存問題之研究》（國史館 1995）、《編遣會議的實施與影響》、《中國國民黨職名錄》、《國民政府處理九一八事變之重要文獻》、《羅家倫先生年譜》、《蔣中正的 1949：從下野到復行視事》（時英出版社，2009）等。

肆、吳鐵城《抗戰言論集》等專著導讀

劉維開

吳鐵城（1888-1953）生前刊印的專著，目前所見有三種，分別為《抗戰言論集》（上海：良友圖書公司總經銷，1937 年 9 月）、《黨政制度及其關係》（重慶：獨立出版社，1944 年 4 月）、《創制複決罷免三權怎樣行使》（南京：中國出版社，1946 年 2 月初版、1948 年 3 月五版），本文謹就各書內容略作介紹。

一、《抗戰言論集》

1937 年 3 月，國民政府任命吳鐵城為廣東省政府委員兼省政府主席，4 月，吳氏離任上海市長，至廣東任職。吳鐵城自 1932 年 1 月出任上海市長至 1937 年 4 月，前後長達五年，為國民政府時期歷任上海市長在任最久者。吳鐵城除任廣東省政府主席外，同時兼廣東全省保安司令，5 月復奉命兼廣東省政府民政廳長。7 月，盧溝橋事變後，平津遭日軍攻陷，8 月，日軍進攻

上海，全面抗戰發生，廣東亦不可避免受到戰爭影響。吳鐵城身為廣東省政最高負責人，除了透過各種場合穩定民心外，亦需將政府抗日決心與禦侮方針傳達民眾。《抗戰言論集》為收錄吳氏於 1937 年 7 月至 9 月在各類活動場合的抗戰言論彙編，分為著述及附錄兩部分，附錄主要為接受記者之訪問，其目錄如下：

著述十四篇：

一、為抗戰救亡告廣東全省民眾書　1937 年 8 月 23 日

二、神聖的民族自衛鬥爭的準備　8 月 2 日在廣東省各界聯合紀念週報告詞

三、我們應怎樣抗戰才能爭取最後的勝利　8 月 9 日在廣州各界擴大紀念週報告詞

四、中央禦侮之步驟與方針　8 月 20 日在廣東禦侮救亡會幹部人員訓練班訓詞

五、我們要下一個犧牲到底的決心　8 月 15 日在中央軍校特別班非常時期服務團宣誓典禮訓詞

六、非常時期輿論界的責任　8 月 6 日在廣東禦侮救亡會招待新聞記者席上演講詞

七、非常時期海軍的責任　7 月 15 日在黃埔海軍學校輪機班訓詞

八、非常時期後方同志之責任　8 月 7 日在廣東省黨部大禮堂對各縣市黨部特派員訓詞

九、非常時期的廣東民政　8 月 16 日在廣東省政府民政廳訓詞

十、全民抗戰中的國民工役與國民兵役　9 月 6 日在廣東省政府

總理紀念週報告

十一、防空在全民抗戰中的任務　8月2日在防護訓練班第二期
　　　畢業典禮訓話

十二、全民抗戰中防護人員的任務　9月9日在廣州市防護人員
　　　訓練班第三第四兩期畢業典禮訓詞

十三、全民抗戰中保安隊的任務　9月4日對保安教導隊第一期
　　　畢業學員訓詞

十四、「九一八」六週年紀念感言　9月18日

附錄四篇：

一、關於救國公債談話　9月16日晚在廣州市播音演講
二、對於日本封鎖我海岸意見　8月30日
三、延見香港孖剌西報記者發表談話　9月13日
四、對於日軍蹂躪上海市中心區意見

　　　吳鐵城認為廣東在全盤抗戰中，是除了首都南京以外，全
國第二個重要的地方。他說：「因為我們海軍力量薄弱，空軍力
量又不足以保護海岸線使不被敵人封鎖。如果海岸線被封鎖，和
海外的交通被切斷，廣東就成為國內唯一對外交通的喉管。再其
次，廣東海岸線很長，領空的範圍也很廣，隨時都要防備敵人空
軍和軍艦的砲擊轟炸，因此廣東在實際形勢上，便由後方變成前
方。」[1] 因此廣東一定要集中人力物力，以維持並且增加前線的

---

[1]　吳鐵城，《抗戰言論集》，頁45。

作戰力量。由於吳氏於上海市長任內，曾經歷「一二八事變」，因此他有實際的戰時主政經驗，對於中央政府的抗日禦侮政策也有更多的了解，各篇演講內容並非官方的口號式宣傳，而是大多能掌握要點，說明中央從事抗戰的準備，以及廣東本身應有的作為，同時能以「一二八事變」時期主持上海市政的親身經歷，強化演講的內容。他在〈中央禦侮之步驟與方針〉中指出：「中央過去忍辱負重的苦心，便在於（一）計劃長時間抗戰的準備，（二）計劃作有代價的犧牲；換言之，便要將向來在無政府狀態中的中國，統一起來，將向來一盤散沙式的人民，組織起來，才可以實施整個計劃，共作一致步驟去抗戰。」[2] 他表示中央領導從事抗戰的準備，大致可以分為精神與物質兩方面：精神方面，如新生活運動，便在於改造國民道德與生活；物質方面，如國民經濟建設運動，旨在造產致富，解決民生問題。在物質方面，他特別提到交通建設，並以一二八作戰時，因為交通阻滯，國軍增援部隊不能依時趕到扼守瀏河，坐視日軍登陸為例，說明交通發達的重要。[3] 在〈我們要下一個犧牲到底的決心〉講演中，他亦以一二八戰事為例，強化聽者抗戰必勝的信心，說：「以吳淞要塞來說，吳淞要塞所配置的祇是六七十年前舊式的前膛炮，守衛的兵士不到一團。敵人攻擊吳淞要塞，是用海陸空軍齊力策動，圍攻一二星期之久，結果還是由於我們自動放棄，才由他們進來占據，……以中國這樣的軍備，這樣的戰鬥力，尚且足以和他抵

---

[2] 吳鐵城，《抗戰言論集》，頁19。
[3] 吳鐵城，《抗戰言論集》，頁20-21。

抗，支持了一個多月之久，可見日本軍備殊不值得重視。」[4] 而附錄中〈對於日軍蹂躪上海市中心區意見〉，其標題註明「吳主席以前任上海市長之立場發表」，以大上海市之中心區，為上海市政府所在地，促進上海繁榮，增進中外商務，利實賴多；年來建設之際，固深感暴鄰之威脅。惟上海市民之奮鬥精神，則自「以其束手以待斃，毋寧建設與抗戰」之決心上表現出來。強調「敵人雖破壞吾人之物質建設，適足以強化吾人受抗敵將士之熱血所培養之愛國精神，使之發揚光大，照耀宇宙」。[5]

二、《黨政制度及其關係》

1938 年 12 月，廣東省政府改組，吳鐵城卸除省主席兼民政廳長職，轉赴重慶，1939 年 11 月，出任中國國民黨中央執行委員會海外部部長；1941 年 4 月，調任中國國民黨中央執行委員會秘書長，至 1948 年 12 月，因擔任行政院副院長兼外交部長，無法兼顧，請辭秘書長職。《黨政制度及其關係》及《創制複決罷免三權怎樣行使》兩書，均為吳氏任中國國民黨中央執行委員會秘書長時期所出版。

《黨政制度及其關係》一書，係吳鐵城根據對中央訓練團黨政訓練班學員演講之講稿補充而成，於書前有文字說明該書出版之原委：「人類是政治的動物，不能離群索居，人與人之間必

---

[4] 吳鐵城，《抗戰言論集》，頁26。
[5] 吳鐵城，《抗戰言論集》，頁79。

須直接間接發生關係,而營共同生活;人是家庭的一分子,社會的一分子,國家的一分子。一個人沒有不知道家庭的組織和關係的。每一個中華民國的國民,每一個中國國民黨的黨員對於黨的組織,政府的組織,黨與政府的相互關係,應有透澈的了解正確的認識,本書係就對中央訓練團黨政訓練班的講稿,加以補充而成,惟限於篇幅,當尚有未甚詳盡之處也。」[6] 全書分為「引論-黨治」、「本論」、「結論」三部分:「引論-黨治」分為「政黨」、「政治」兩節,說明什麼是政黨?什麼是政治?以及政黨與政治的關係;「本論」分為「我國黨政制度的特質」、「黨政的組織」、「我國黨政制度的關係」三節,析論黨政關係的特質以及運作方式;「結論」說明黨政關係的特徵為:不獨裁、不自私、不越範、不脫節。書中並附有圖表七幀,分別為「中國國民黨組織系統表」、「主計制度表」、「國民政府組織系統表」、「行政制度表」、「縣政府組織系統表」、「縣各級組織關係圖」、「黨政關係圖」,以圖表輔助文字說明黨政制度與黨政關係。

　　該書對於戰前及戰時的黨政制度與黨政關係有相當清楚的解析,特別是黨政關係,吳氏以「縱」、「橫」兩方面說明,從縱的觀點看,黨與政的關係,是從分立而為統一。他說:「從歷史的分析,本黨與政府的關係,是由『以黨救國』而『以黨建國』,而『以黨治國』。也就是由『創建政府』,而『以黨統政』,而『領導政治』。創建政府,是黨尚未握政權。以黨統政,是黨已居政

---

[6] 吳鐵城,《黨政制度及其關係》,頁1。

之上。領導政治，則是黨溶於政之中。」[7] 從橫的觀點看，黨與政府的關係，在中央以中政會為中央執行委員會特設的政治最高指導機關，也就是政策決定機關，同時又是黨政聯繫的樞紐，「所以黨與政府的分際雖嚴，但彼此聯絡，極為密切」；[8] 在地方，各級政府與各級黨部間應保持密切的聯繫，黨部應發動並號召民眾，協助建設的推進，以為政府的後盾，政府應將黨的意志，表現於實際的行政，以貫徹黨的政策於全國。「如此密切聯繫，互為表裏，然後，黨治可有完善的實施」。[9] 由於吳鐵城本身有豐富的黨政經歷，了解黨政制度與運作之間的關係，同時擔任過地方行政首長，對中央與地方黨政關係亦有相當清楚的認識，書中諸多內容並非只是理論分析，而有實證經驗。因此《黨政制度及其關係》全書雖然僅有 44 頁，其內容在理解訓政時期的黨政關係有著十分重要的參考價值。

三、《創制複決罷免三權怎樣行使》

該書書前有「吳鐵城講演、張九如憶錄」等字，應與《黨政制度及其關係》類似，係由演講稿而成書，惟講演時間、地點，書中均未說明，就該書初版時間 1946 年 2 月以及該書前言內容判斷，應為 1945 年抗戰勝利後，討論國民大會代表如何行使職權而進行之演講。該書前言稱：「四權之中，比較容易行使的，

---

[7] 吳鐵城，《黨政制度及其關係》，頁27。
[8] 吳鐵城，《黨政制度及其關係》，頁32。
[9] 吳鐵城，《黨政制度及其關係》，頁32-33。

是選舉權。至於創制權、複決權、罷免權，手續很繁重，程序不簡單，就是英美各國，也還沒有普遍採用，中國自然不能由人民直接來行使於中央。因此，總理一再說明，『人民對於一國政治，除選舉權外，其餘則付託於國民大會之代表行使之。』……比較容易行使的選舉權，怎樣行使，因為我國人民已經行使過多次，自然不必多說。現在只須說明的，就是最不易行使的創制、複決、罷免這三個權，究竟怎樣行使，才能實現總理的遺教，並且適合我國的實情與需要。我的講解，只是發凡起例，作大家研究時的參考，所講的辦法，算不得定規。」[10]

　　全書分為「創制權怎樣行使」、「複決權怎樣行使」、「罷免權怎樣行使」三講，每一講中就各權的意義、種類、適用範圍、行使程序及人民行使該權的利弊，最後講到怎樣行使該權。三權的「怎樣行使」是講演的重點，吳氏以創制、複決兩權係對事行使，具有相關性，謂：「創制權乃至複決權的行使，在今日，萬難行於一盤散沙的民眾，不如暫時寄托於各地方自治團體的議會，凡事有經有權，如不從權辦理，有時可使經常的辦法亦同於廢棄」。[11]吳氏於「怎樣行使創制權」中，從「何種法案適用創制」、「何種創制適用於現在」、「要求行使創制權的人數怎樣規定」、「創制請願書怎樣審查公布」、「成立創制案的程序怎樣」、「創制案怎樣投票公決」六方面；於「怎樣行使複決權」中，從「複決權適用於何種法案」、「何種複決制適用於現在」、

---

[10] 吳鐵城，《創制複決罷免三權怎樣行使》，頁1-2。
[11] 吳鐵城，《創制複決罷免三權怎樣行使》，頁18。

「怎樣成立並票決複決案」三方面，逐一說明。

至於「怎樣行使罷免權」，因罷免的對象是失職官員，吳氏分為「在何種情形之下適用罷免權」、「對失職的何種人適用罷免權」、「怎樣罷免失職官員」、「罷免應否有限制」四方面說明，其在結語中對於罷免權的行使特別強調：「我國政治，還沒有脫離人治的舊軌道，罷免權完全是對付人事的民權，要是漫無限制的行使，必然引起政治上許多糾紛，影響國家社會的安定。所以承認人民行使罷免權時，應該與以相當的合理的限制。不然的話，無異給人民一把殺人的刀，如果他亂殺起來，或者受了野心客的教唆，掄動了這柄鋼刀，亂舞亂砍，那就非常危險。民主政治先進國，對於人民行使罷免權，尚加限制，我國更該小心。」[12]這段吳鐵城關於罷免權行使說的話，距離現在已經七十多年，但是在今天讀起來，對於當下的臺灣政治環境仍然有其意義，實足以顯示一位政治人物的見識。

陳三井博士回應

維開教授從史庫裡為大家挖掘到三種鐵城先生已出版卻少見的著作，豐富了這次座談會的內容，將來希望另行影印，留在本會資料室，供讀者參考使用。資料的視野，在此提出兩個問題就教。

---

[12] 吳鐵城，《創制複決罷免三權怎樣行使》，頁41-42。

第一，維開教授曾分析過蔣中正先生的抗戰言論文告，兩相比較，兩者於政府抗戰決心、動員全民、加強防空宣導、攘外必先安內等課題，有無理論相互發明承襲互補之處？請擇要稍作說明。

　　第二，鐵老另有《政黨制度及其關係》與《創制複決罷免三權怎樣行使》兩項出版品，與時人如劉文島（駐德、意大使）的《政黨政治論》，有無異曲同工或超越之見？另有關此類政黨理論的論述與權利的行使，是否亦帶有風向作用？象徵執政的中國國民黨正朝向政黨政治和民主憲政前進，故需要黨政人物先從理論入手，開啟民智，預作從訓政到憲政的準備？

劉維開教授回應

　　關於陳三井教授提出來的兩個問題，簡要說明如下：

　　第一個問題，是蔣中正先生的抗戰言論文告，與吳鐵城的抗戰言論，兩相比較，兩者對於政府抗戰決心、動員全民、加強防空宣導、攘外必先安內等課題，有無理論相互發明承襲互補之處？

　　蔣中正先生作為黨政軍的領導人在抗戰言論文告的內容上，從大方向著手，強調政府的抗戰決心，比較不大觸及實際的作為，他的言論有一個特點，就是要民眾相信他、相信政府，對日抗戰一定會成功。吳鐵城的抗戰言論，著重於實際層面，他慣常以淞滬一二八的親身經歷為例，向聽眾說明政府的立場，以及政

府如何備戰等問題，目的在加強民眾對政府抗戰的信心。另一方面，因為對日抗戰初期，戰場主要在華北、華東地區，與廣東相距甚遠，吳鐵城作為廣東省主席，會特別強調廣東在抗戰發生後，地理位置上的重要性，藉以激發聽眾對於抗戰切身感，而不是一個與自身不相干的戰爭。

第二個問題，是鐵老的《黨政制度及其關係》與《創制複決罷免三權怎樣行使》兩項出版品，與時人如劉文島（駐德、意大使）的《政黨政治論》，有無異曲同工或超越之見？另有關此類政黨理論的論述與權利的行使，是否亦帶有風向作用？象徵執政的中國國民黨正朝向政黨政治和民主憲政前進，故需要黨政人物先從理論入手，開啟民智，預作從訓政到憲政的準備？

這兩本著作都是由演講衍伸而成，《黨政制度及其關係》於 1944 年出版，係吳鐵城根據對中央訓練團黨政訓練班學員演講之講稿補充而成；《創制複決罷免三權怎樣行使》於 1946 年 2 月初版，書前有「吳鐵城講演、張九如憶錄」等字。兩書的內容沒有太多的學理，主要是吳鐵城根據自身經驗而發揮，相當務實。《黨政制度及其關係》應該是吳鐵城作為中國國民黨中央黨部秘書長，因為職務關係在中央訓練團黨政訓練班的講話，類似的安排在中國國民黨的訓練中時常看到，我個人認為沒有什麼特別。值得注意的是，吳鐵城在這個演講中，透過自身的經驗，對於從中央到地方政府的黨政關係，做了十分清楚的說明，這一點在其他相關著作中，作者係根據學理分析的解讀，有相當大的不同，自然強化了該書的特點。《創制複決罷免三權怎樣行使》一

書，從出版時間來看，應該是 1945 年抗戰勝利後，討論國民大會代表如何行使職權，進行的演講。和《黨政制度及其關係》相同，應該也是基於職務關係進行的講話，內容非常務實，主要是根據自身經驗分析創制、複決、罷免三權應該如何行使。我個人認為這兩本著作，應該視為吳鐵城的從政經驗談話，不需要賦予其他的意義。

另外，對於黃克武教授論文中，提到吳鐵城的另一本著作《國家總動員的前鋒》（蒙藏委員會編譯室，1942），經黃教授協助取得該書之影印版，非常感謝！該書實際上是吳鐵城的一篇廣播演講詞，闡述《國家總動員法》的意義，期望國民自覺自動，負起國家總動員的責任。該講詞經蒙藏委員會編譯室譯成蒙文、藏文、回文，聯合漢文，列為「蒙、藏、回、漢」四體文字合璧「抗戰小叢刊」之三十二。

陳三井博士接著說

第三位，我要邀請黃克武教授，他是本會會員，又是廣東人，與鐵老有更親近的關係。他是師大畢業的高材生，獲有美國史丹佛大學博士，專攻思想史，擔任過中研院近史所所長，現為特聘研究員，早期出版過梁啟超、嚴復的專書，目前是創作的黃金高峰期，最近一連又出版《顧孟餘的清高》（香港中文大學，2020），《胡適的頓挫：自由與威權衝撞下的政治抉擇》（臺北商務 2021）、《筆醒山河：中國近代啟蒙人嚴復》（廣西師大

出版社，2022），三本廣受中外史學界注目的經典名著。先後獲得教育部學術獎、中山學術基金會著作學術獎，其成就令人刮目相看。

伍、評介中外學界有關吳鐵城的 研究和出版

黃克武

一、前言：吳鐵城先生生平簡介

吳鐵城（1888 年 3 月 9 日 -1953 年 11 月 19 日）原籍廣東省香山縣（今中山市）三鄉鎮平湖村，出生在江西省九江府，父親吳玉田是九江的大商人。他自幼學習英語，入美以美教會設立的九江同文書院讀書（1906 年畢業）。1909 年（宣統元年），他和到九江工作的林森（1868-1943）成為好友，吳鐵城協助林森在九江設立革命派宣傳機關，並經林森介紹參加同盟會。辛亥革命成功之後，孫中山當選為中華民國臨時大總統，因為同鄉的關係，吳鐵城到孫中山身邊工作。

二次革命爆發，吳鐵城促成江西都督李烈鈞起義，但以失敗告終，逃往日本，進入明治大學學習法律（3 年），並加入中華革命黨。1916 年返國之後參加孫中山的護法運動。1923 年 1 月，孫中山發表討伐陳炯明宣言，吳鐵城和許崇智合作在福建省組織

「東路討賊軍」。2月，陳炯明被驅逐，孫中山在廣州重建大元帥府，吳鐵城擔任廣州市公安局長、廣東省警務處長，還兼任廣東省警衛軍司令。

1925 年孫中山逝世後，吳鐵城被視為屬於孫科（1891-1973）的「太子派」人士。該年底，中國國民黨廣州特別市黨部成立，孫科任組織部長，吳鐵城任工人部長。廣州市黨部力主反共，孫科、吳鐵城、伍朝樞等人是骨幹人物。孫科、吳鐵城、許崇智等人在上海經常出現在西山會議派的活動場合，並建議蔣中正制裁共產黨員。後國共合作，吳鐵城因力主清共，而被罷黜。1926 年 4 月 23 日蔣中正與譚延闓、李濟琛等人商量之後，決議免除他的公安局長一職，由李的親信李達章接任。蔣中正日記記載「下午組安【譚延闓】、【宋】子文、雨岩【蔣作賓】、史顧問等各同志來會，所談無非黨國大事也。晚會議，免吳鐵城公安局長職，決議後散會。」次日，「上午批閱文件，請吳鐵城來談免其公安局長職之理由，約一小時」。譚延闓日記記載「偕朱益之【培德】至介石宅，遇任潮【李濟琛】。談易吳鐵城公安局長事，散後歸。」[1] 5 月 15-22 日國民黨二屆二中全會蔣中正向中共與左派妥協；5 月 30 日吳被捕入獄四個月。蔣介石日記記載，當日「上午拿辦吳鐵城」。[2] 1927 年寧漢分裂之後，中國國民黨內部以南京蔣中正為首的清共勢力和武漢汪精衛為首的容共勢力發生分裂，4 月清黨，吳鐵城表態支持蔣介石，開始進入蔣的核心。

---

[1]　《譚延闓日記》，1926年4月23日。
[2]　蔣中正，《蔣中正日記》（手稿本），1926年4月23日、1926年5月30日。

照片一 | 照片二

照片一：1927年湯山蔣氏溫泉別墅，左一為蔣中正、第二排右二著西裝者為吳鐵城。
資料來源：https://www.hpcbristol.net/ visual/fu-n143（讀取時間：2022.7.5）
照片二：1940年10月4日菲律賓碧瑤華僑團體歡迎吳鐵城來訪

他曾赴湯山蔣的溫泉別墅參與黨政高層會議。（照片一）

　　1928年秋，吳鐵城與他的秘書長蕭同茲被派往中國東北，勸說張學良實行東北易幟。又當選國民政府立法院立法委員。寧粵對峙後，吳被派為南京政府代表，與粵方會談，結束了寧粵分裂的局面。1932年1月6日，吳鐵城接替張群，擔任上海市市長兼淞滬警備司令，任內積極開展上海市政及防務建設，因應一二八松滬抗戰。1937年3月至1938年12月，吳鐵城任廣東省政府主席。1940年，吳鐵城任中國國民黨中央海外部部長，處理僑務，在華僑中進行抗日宣傳，在此期間曾赴菲律賓與馬來亞等地（照片二）。

　　1941.3-48.12年，任中國國民黨中央秘書長（47年曾同時擔任立法院副院長）。1948年11月，孫科任行政院長，應孫科之邀，吳鐵城出任行政院副院長兼外交部長（任期至1949年3月）。

他在任職立法院與行政院期間與「政學系」關係密切，又組織「民主自由社」。陳克文在日記中說，「蔣總裁授意吳鐵城」，「把立法院中非『黨』非『團』的中間自由分子組織起來」，也希望把「桂系」包含進來。[3] 國共內戰，國軍失敗，國民黨內派系鬥爭也十分激烈，終於導致山河色變，吳鐵城隨國民政府遷往臺灣，任總統府資政、華僑協會理事長（任期為 1942-1953）。1953 年 11 月 19 日，吳鐵城在臺北病逝，享年 66 歲。

對於他的過世，人們有不同的反應。蔣中正在日記中說，「吳鐵城今日逝世，又欲為其辦喪事，遷臺以來幾乎為老者、部下與儕輩料理喪事之時間消耗不少，而後起之秀甚少，惟此常為本黨革命前途憂也」。《王叔銘日記》記載：「吳鐵城先生今晨因心臟病逝世，享年六十六歲。鐵老為人慷慨爽直，今爾逝世，至感悲悼」。《徐永昌日記》則說吳鐵城的死與他的好友王世杰因吳國楨案而被蔣中正以「蒙混舞弊，不盡職守」免去總統府秘書長一職有關：

> 吳鐵城前日晨逝世，驟聞使人大驚，據謂前一晚曾請中醫為其頭鬢針兩金針，夜間睡不安，曾服一片半安眠藥，渠原病心臟，因即不醒云云，此事西銘使鄭、賈等已瞞余兩日，其實無須也。次青談外傳吳死與王雪艇事件有關，因

陳克文著、陳方正編輯校訂，《陳克文日記1937-1952》（臺北：中央研究院近代史研究所，2012），1948年7月27日，下冊，頁1128-9；1948年8月10日，下冊，頁1134；1948年9月22日，下冊，頁1149-1150。

王與吳莫逆，又王事由於吳國楨去美曾帶出外匯不少，為
蔣先生所聞，即詢之嚴財長，嚴謂有總統批許公事，而批
件則王氏代事者，此日前總統大怒，摔擲器皿之所由來也。[4]

　　據此猜測，吳可能赴總統府為王世杰求情，被蔣責罵，返家
之後心情大受影響，夜不成眠，吞食過量安眠藥而病發身亡。
　　吳鐵城逝世之後蔣中正總統題贈的輓匾是「勳業昭垂」。[5]
他的好友張群則說他有「和易豁達，包羅萬象的氣度」，能「調
和各方，肆應無礙」。[6]軍事委員會委員長侍從室人事檔案之中
對吳鐵城評語：「手面大，善應酬，儀態開廓，勇於任事。但不
切實，習於浮滑，官僚作風甚重，生活豪華，缺平民思想」。[7]

二、研究現況

　　學界之中有關吳鐵城生平的研究並不多。以英文學界來說，
1970 年 Howard L. Boorman 所編的《民國人物辭典》有一篇他的
小傳並附參考資料。這是一篇有關吳氏生平的精簡介紹。[8]美國

---

[4]　蔣中正，《蔣中正日記》（手稿本），1953年11月19日。《王叔銘日記》，
　　1953年11月19日，藏中央研究院近代史研究所。徐永昌，《徐永昌日記》（臺
　　北：中央研究院近代史研究所，1991），第11冊，1953年11月21日，頁226。
[5]　《中央日報》，1953年11月20日。
[6]　張群，〈我思故人俾無尤矣〉，收入《吳鐵城回憶錄》（臺北：三民書局，
　　1971），頁165-166。
[7]　「吳鐵城」，《軍事委員會委員長侍從室　系列二十》，臺北：國史館藏，典藏
　　號：129-200000-3567。
[8]　Howard L. Boorman, ed., *Biographical Dictionary of Republican China* (New York:
　　Columbia University Press, 1967-1979), vol. 3, pp. 450-452.

與加拿大英文的博士論文之中，以臺灣學界聯合建構的數位論文聯盟來考察，並無相關的研究。在 JESTOR 的英文論文資料庫，以 "Wu T'ieh-ch'eng" 來搜尋，共有 13 篇的文章之中提到吳鐵城，但沒有一篇是專門討論他的文章，可見英文學界對吳氏之研究甚少。

新加坡大學 Tan Chee Seng（陳是呈）所撰寫的 "The Political Networks and Thought of the Young Wu Tiechang, 1909-1925" (2016)，可能是唯一的一篇有關吳鐵城生平與思想的博士論文，但此文只處理早年。這篇論文研究吳鐵城如何崛起，描寫與分析他從 1909 年到 1925 年，如何參與各種關鍵的黨政事務，而成為一位重要的政治人物。本研究探討了三個主題：他的人際關係網絡；口才（包括說服技巧）；以及政治思想，這三個面向在他的早期職業生涯中不斷浮現。作者從這三個面向分析了他在政壇上崛起的重要因素。此一論文參考許多史料，參考書目從 475-537 頁，內容十分豐富。讀者閱讀這一部分，可對相關研究有一概略認識。他的另一篇英文文章處理 1940 年代吳鐵城與馬來亞（Malaya）的僑務，此文是：Tan Chee Seng, "Kuomintang Man behind Special Force: Wu Tiecheng and Force 136, 1942-1945," 收入 Ooi Keat Gin, ed., *Malaysia and the Cold War Era* (London: Routledge, 2020)，頁 96-119。作者指出吳鐵城曾在 1941-1948 年擔任國民黨中央執行委員會秘書長，在此一時期吳鐵城和 136 部隊之間有密切的聯繫。[9] 作者指出他

9　136部隊為馬來亞日據時期，由英國特別行動執行處（SOE）所部署的部隊，是在敵後與日本軍進行非常規戰鬥的特種部隊。

在 136 部隊的建立和發展中發揮關鍵作用，他與重要軍事人員，包括林謀盛（1909-1944）和陳崇智（1916-2012）等都有聯繫。文中注意到吳鐵城與英國人的關係，以及他在訪問南洋時與新加坡－馬來亞的華僑的早期接觸，這不僅是為了向華僑和國民黨海外成員傳達蔣介石的感激之情，也是為了對抗當地共產黨的影響。上述內容顯示吳鐵城積極參與並廣泛聯繫海外華人，處理海外國民黨黨務和對外關係。

在中文的研究成果之中，吳鐵城研究的數量也不很多。以臺灣博碩士論文網來考查，題目與關鍵字中包含「吳鐵城」的論文為零，摘要有提到「吳鐵城」的有兩篇（陳穎賢，《太平洋戰爭時期中國在馬來亞的情報工作》，臺灣師範大學歷史系，2018 年；溫楨文，《抗戰時期商務印書館之研究》，國立清華大學歷史研究所，2002 年），徵引文獻有提到吳鐵城的論文有 43 篇，由此可見吳鐵城並非核心的研究對象。目前筆者正在指導師大歷史系碩士班研究生徐丞億，研究上海市長時期的吳鐵城。此外，較為重要的研究成果是華僑協會總會所辦的一個研討會論文集，陳鴻瑜主編，《吳鐵城與近代中國》，臺北：華僑協會總會，2012。這本論文集的論文收入上篇共計 5 篇，對吳鐵城與東北（陳進金、陳立文）、國民黨秘書長時期（劉維開）以及在港澳與馬來亞的僑務（李盈慧、陳是呈）等作了深入的討論。該書下篇則收有幾篇回憶與紀念性質的文章。

中國大陸方面相關研究的數量較臺灣略多一些。其中較完整的一篇傳記是鄭則民的〈吳鐵城〉小傳，收入中國社會科學

院近代史研究所編,《民國人物傳》第 7 卷,北京:中華書局,1993,頁 29-36,其立場較偏中共,批判吳的反共立場。「中國知網」之中有關「吳鐵城」(以主題搜尋)的論文有 167 篇。其中沒有博士論文,碩士論文涉及吳鐵城的有兩篇:湯晨旭,《中國留印海員戰時工作隊研究(1942-1945)》,中國社會科學院研究生院,2014 年;陳亮,《徐恩曾失勢問題研究》,四川大學,2002 年。大陸博、碩士論文全文中提到吳鐵城的則分別有 305 篇與 692 篇。如果以博碩士論文題目當指標,代表學術前沿的發展,吳鐵城研究顯然並未受到目前海峽兩岸史學界的關注。

在日本學界方面,有關吳鐵城的研究也不多,其中與日本較相關的課題是上海史的研究,例如盧建新,〈吳鉄城:大上海計劃の推進者〉,收入日本上海史研究會編,《上海人物誌》(東京:東方書店,1997),頁 28-38。此文描寫吳提出以江灣為中心區的都市建設,將上海建為「東方大港」。文中也談到 1935 年全國體育大會,以及為推動新生活而辦的集團結婚。此外有關「上海事變」(一二八松滬戰役)的作品也多半會討論到吳鐵城。如川村一彥,《歷史の回想・上海事変》(歷史研究會出版)即詳細介紹吳氏生平與在事變之中的角色。

三、一手研究史料的介紹

1. 有關吳鐵城的一手資料:吳鐵城本身所撰寫的回憶錄、

著作、往來書信等。《吳鐵城回憶錄》是最重要的史料，[10] 此文於 1954-55 年曾在卜少夫編的《新聞天地》以《四十年的中國與我》為名連載了前三章，後出版為專書。不過此一回憶錄有兩個限制，首先，主體部分只寫到第六章（1926 年 10 月），後半生的八章因生病而未能完成，僅有章目而缺內容。第二，本書為個人單一角度的歷史描述，主觀性甚強。此點受到學者的批評，例如 1958 年 8 月郭廷以在東京書肆購得《吳鐵城回憶錄》，他閱讀之後的感想是「無何特殊資料，敘事且多錯誤」。[11]

其次是吳鐵城的著作。他的著述十分零散。以專著來說，如果用各地圖書館館藏及民國圖書網來搜尋，有《抗戰言論集》，上海：良友圖書公司，1937。《國家總動員的前鋒》，蒙藏委員會，1942。其他著作還有：《黨政制度及其關係》，重慶：獨立出版社，1944。《創制複決罷免三權怎樣行使》，南京：中國出版社 1948 等。（有關這四本書的內容，請參見劉維開在本書之文章：〈吳鐵城《抗戰言論集》等專著導讀〉）另外他編的書還有《雜糧食譜》（廣州：廣東省衛生處，1937）。

吳氏報刊文章數量甚多，然缺乏系統搜尋及整理。這方面可依照書籍、報刊來做仔細整理。未來如果能完成著作繫年，再搜集全文，出版全集或做成資料庫，將對吳鐵城研究有很大幫助。以《中央日報》來說，有約 60 多筆為他所撰寫的文章。例如

---

[10] 吳鐵城，《吳鐵城回憶錄》。
[11] 郭廷以，《郭量宇日記殘稿》（臺北：中央研究院近代史研究所，2012），頁 94-95。

1951 年 1 月 19 日他所寫的〈國民黨的同志快在青天白日旗幟下集合起來〉、1950 年 11 月 12 日,〈十九世紀以來世界第一巨人〉。其他報刊則如《新生報》1951 年 1 月 1 日,〈慶元旦祝新年:中華民國四十年歲首獻詞〉。《工商日報》1951 年 7 月 16 日,〈吳鐵城評對日和約草案謂中國未列入為簽字國違背正義及聯合國憲章〉等。期刊方面如吳鐵城,〈現代我國婦女應有之認識——三十一年七月二十八日在組織部婦女夏令講習會講〉,載《婦女共鳴》,11 卷 6 期(南京,1942 年 12 月)。吳鐵城,〈請為兒童健康而作戰〉,刊《女青年月刊》,2 卷 5 期(重慶,1945 年 11 月 30 日)。這方面的史料仍有待整理。

在往來書信方面,也是散佚各地。中央研究院所藏「張學良關係文書」中有兩封張學良致吳鐵城函,其中一封如下(年代不詳,應係來臺之後所寫):

> 鐵城摯友:柳忱先生【莫德惠】來訪道及兄對弟厚情一如往昔,並言有機會願來一聚,使弟欣感之至。前傳聞兄有主臺之說,使弟一度雀躍,但成空谷。渡臺一來,乏善可陳,惟心身兩泰,可告慰故人,所餘不一一。敬候
> 道安
>
> 五月十七日 [12]

---

[12] 〈張學良致吳鐵城函〉,?年5月17日。中研院近史所資料庫:「張學良關係文書」(讀取時間:2022.4.22)。

此外，筆者正在整理的陳克文檔案之中有一封〈吳鐵城致李樸生函〉，內容如下：

樸生兄：

附來【陳】克文兄信已閱悉。「我們有臺灣一天白華頭銜終有洗脫的希望」一語，可為妄想造第三勢力者當頭棒喝，至於彼願望於此間者均有同感也。

此復即候

起居

鐵城上

三月卅一日。（未署年，應為 1953 年）[13]

在筆者所編輯的李樸生與陳克文的通信之中曾多次提及「鐵老」，例如 1969 年 7 月 11 日的信中談到吳氏的宗教信仰：「臺北政治的人物，為表示其善良起見，多信基督，尤以赴某教堂做禮拜為夠面子。胡適、蔣夢麟先生是例外。鐵老信天主教，【章】力生譏之，無礙也。」[14]

　　還有其他的文字如吳鐵城的墨寶，[15] 以及他為杜月笙（1888-1951）所寫的輓聯：「具忠肝義膽，豪俠心腸，好客媲春申君，不朽口碑載道路。是名流賢達，鄉邦泰斗，相我聞大上海，那堪劫火悵煙塵」。[16]

　　在數位資料庫方面，廣東省中山市孫中山故居紀念館製作了一個「吳鐵城史料數據庫」，其中收集了文物照片（收有兩封王世杰致吳鐵城函）、遺著、報刊史料、研究著述等，不過內容並不十分豐富。(http://xsmr.sunyat-sen.org/index.php?m=content&c=index&a=lists&catid=502)

陳克文的通信」。

[14] 〈李樸生致陳克文〉，1969年7月11日，未刊信函，收入筆者所編的「李樸生與陳克文的通信」。按：章淵若（1904-1996），後改名力生，留學歐洲，曾任大學教授、國防最高委員會參事、僑委會副委員長（1948-49），晚年赴美國修習神學、著書立說。著有《生命之道》，香港：晨星書屋，1968。有關吳氏信仰基督教的過程，可以參考佩韋，〈吳鐵老新信基督教〉，《中聲晚報》（香港），1952年9月27日。文中指出1952年中，吳氏赴港治病。「他於研讀《聖經》之下，遂引起了信基督教的念頭，本月某日，欣然到堅道某禮拜堂接受洗禮，做了基督教的信徒。那天到場觀禮的有僑商某夫婦等多人。當日他步出禮拜時，精神顯得十分愉快」。

[15] 吳鐵城遺著，《吳鐵城先生墨寶》（臺北：吳鐵城先生九十誕辰紀念籌備會，1977）。

[16] 「杜月笙去世，輓聯很多，有四副輓聯不約而同將他比作一個古代名人」，《壹讀》，https://read01.com/ezRN6B7.html（檢閱時間：2022年4月22日）。

2. 官方檔案：國民黨與政府檔案之中也有不少相關資料。其中國民黨黨史會的部分已由陳三井與王文隆編輯出版：《吳鐵城重要史料選編》，臺北：華僑協會總會，2015。其次，國史館的檔案之中與吳鐵城有關者計有 5268 筆，其中蔣中正總統文物最多，計有 3485 筆。這些史料有仍有待整理。其中軍事委員會委員長侍從室人事檔案有一個「吳鐵城專檔」，內容十分豐富，除了人事資料之外還有不少港臺各地的剪報。[17]（有關國史館的相關檔案，請參閱本書之中蘇聖雄博士所撰寫的〈吳鐵城相關檔案概述：以國史館藏《蔣中正總統文物》為中心〉）

3. 紀念與回憶文字：吳鐵城先生紀念集及其他如《傳記文學》等報刊中的回憶性文章。在吳氏逝世十週年（1963）二十週年（1973）、三十週年（1983）均有出版紀念集。[18] 此外祝秀俠編有《吳鐵城先生紀念集》（臺北：文海，1984）。《傳記文學》資料庫有 608 筆文章提及吳鐵城。[19]《近代中國》資料庫有 118 筆，包括《吳鐵城先生圖像集珍》、《吳鐵城先生墨寶》等。此外他人在其他報刊所撰寫的有關吳氏生平及思想的文章，這一部分可以利用民國圖書及期刊資料庫來搜尋。中文報刊如：《大公報》、《申報》、《良友畫報》、小報資料庫。1949 年後臺灣

---

[17] 「吳鐵城」，《軍事委員會委員長侍從室　系列二十》，臺北：國史館藏，典藏號：129-200000-3567。

[18] 張群等著；吳鐵城先生逝世十周年紀念會編，《吳鐵城先生逝世十週年紀念集》（出版地不詳：吳鐵城先生逝世十週年紀念會，1963），陳立夫等著，《吳鐵城先生逝世二十週年紀念集》（本書無出版項，1973），陳立夫等著，《吳鐵城先生逝世三十週年紀念集》（本書無出版項，1983）。

[19] 〈十月號專題人物：吳鐵城〉，「每月人物專題座談會專欄」，《傳記文學》，卷29期4（臺北，1976），頁6-44。

各報刊以及香港的報刊如《天文臺》等都有一些文章。近史所口述歷史叢書之中有 27 本提及吳鐵城。

4. 史料匯篇：天一出版社，《吳鐵城傳記資料》。[20] 將一些二手文獻收集成二冊，參考頗為方便。

5. 外文史料：第一是俄文史料，這一部分已經翻譯為中文。例如中共中央黨史研究室第一研究部譯，《聯共［布］，共產國際與中國國民革命運動：1920-1925》，北京：北京圖書館出版社，1997。中共中央黨史研究室第一研究部編譯，《共產國際、聯共（布）與中國革命檔案資料叢書：共產國際、聯共（布）與中國革命文獻資料選輯（1926-1927）》，北京：北京圖書館出版社，1998。這一套書共 21 本，都很值得參考。[21]

這一部分的史料對於認識 1920 年代初期國民黨聯俄容共時期國共之爭，以及國民黨內左右之爭頗有幫助。例如 1924 年 7 月 3 日從廣州所發出的情報敘述「國民黨內共產黨員與反共分子之間的爭論」：

> 自 1924 年 1 月國民黨代表大會以來，反共分子開始聚集在國民黨元老，如：鄧澤如、馮自由、劉成禺、蔡元培等人的周圍，準備進行反對共產黨人的鬥爭……他們隱蔽在全國各地，要同自己的人串聯在一起，如北京的石瑛，漢

---

[20] 朱傳譽主編，《吳鐵城傳記資料》（臺北：天一出版社，1979）。
[21] 中共中央黨史研究室第一研究部譯，《共產國際、聯共（布）與中國革命檔案資料叢書》（北京：中共黨史出版社，2020）。

口的劉成禺、譚理鳴和張秋白，上海的謝持、茅祖權、葉楚倫和張繼，廣東的鄧澤如、馮自由、蔡元培、孫科、方瑞麟、吳鐵城、蔣翊武和馬超俊。他們聯合在以孫科為首的集團中，準備向共產黨人發動總攻擊。他們派出自己的追隨者和親信跟蹤共產黨人，搜集反對他們的材料。（冊1，頁 497-8）

1926 年 5 月 30 日鮑羅廷給加拉罕的一封信則說：

今天吳鐵城入獄。孫科將被建議去俄國，他去那裡不知是糾正自己過去的錯誤，還是同馮玉祥談判。傅秉常要被免去海關監督職務以及外交秘書職務。伍朝樞將被建議休假一段時間，如果能辦得到的話，要預先拿走他那裡的檔案。至於內務秘書古應芬，決定保留他的原職到李濟深的兩個師離開這裡時為止。這樣一來，可以認為對危險的右派集團的打擊已成既成事實。5 月 30 日，即逮捕吳鐵城之日，不只是對 3 月 20 日的補救，而且對國民黨中央全會 5 月 15 日決議的涵義作出了完全不同的解釋。如果右派把 3 月 20 日理解為向右轉，而中央全會是完成這次轉變的手續，那麼今天他們會明白，不是這麼回事。（冊 3，頁 272）

從這一封信可以了解 1926 年 5 月 15-22 日在廣州舉行的國民黨二屆二中全會之後，蔣中正向中共與左派妥協，因而於 5 月

30 日下令逮捕吳鐵成。[22]

　　第二是日文資料：亞細亞資料中心有 1920 年代有關吳鐵城、孫科的資料。此外日文名人錄有三種：《最新支那要人傳》（1941）、《現代中華民國滿洲帝國人名鑑》（1937）、《現代支那人名鑑》（1928）都收有吳鐵城條。

　　第三是美國資料。在美國外交檔案中有關於吳鐵城的部分。例如：*FOREIGN RELATIONS OF THE UNITED STATES, 1948, THE FAR EAST: CHINA, VOLUME VII The Ambassador in China（Stuart）to the Secretary of State（1948, Volume VII, The Far East: China）。*[23]

　　7. 名人日記中的相關史料：名人日記之中有關吳鐵城的記載甚多。其中蔣介石、邵元沖、陳布雷、譚延闓、王世杰、胡適、陳誠、吳忠信、王叔銘、傅秉常、陳克文、徐永昌、王子壯、吳忠信、郭廷以等人的日記最值得注意。這些日記之中因為時間精確，對於編輯吳鐵城年譜幫助很大。以下茲舉名人日記之中涉及吳鐵城史料的幾個例子：

　　(1) 蔣中正的日記中有關吳鐵城的記載數量甚多。然蔣的日記要與《蔣中正先生事略稿本》、《蔣中正先生年譜長編》等史料須合併使用，方能掌握周全。以 1930-31 年的幾則記載來說，例如 1931 年 3 月 11 日「上午到政治會議，推吳鐵城為員警總監，

---

[22] 有關1926年5月30日吳鐵城被捕之事，吳氏在回憶錄之中說：「依我敏感的判斷，那是由於共產黨的毒計和李濟琛的私心攘奪廣東地盤，兩者會流而成的結果，我恰巧做了當時的箭靶」。吳鐵城，《吳鐵城回憶錄》，頁156-157。

[23] https://history.state.gov/historicaldocuments/frus1948v07/d591（2022/4/22 accessed）.

以安粵籍同志之心也」。5月2日「上午會客，研究粵事，古應芬電鐵城，為若釋展堂【胡漢民】，則南方決無亂事」。12月13日「與鐵城談哲生【孫科】不肖，總理之一生為其所賣，彼到結果不惟賣黨而且賣國，余為總理情義計，良心上實不敢主張哲生當政，乃愛之也」。《蔣中正先生年譜長編》則收有一些往來電文，如1930年3月29日「蔣中正致吳鐵城、方本仁電」，請東北接濟砲彈，討伐閻馮。[24]

(2)《譚延闓日記》：共有171筆，主要集中1923-1930年間。此一時段正是廣州國民政府到北伐後統一全國時期。這兩階段是吳鐵城政治生涯奮起階段，他與譚延闓往來很密切。譚的日記對瞭解廣州國民政府內的人事、政務很有價值，尤其是警備隊的財源與重大治安問題等，吳鐵城都得到譚延闓的支持。透過譚日記可以看到吳鐵城在廣東派中的政治活動、人脈網絡與人事問題。譚延闓在1924年9月曾去吳家：「在吳鐵城家，陳設頗闊綽也」。[25]

(3)《陳克文日記》：主要是在1938-1949年間，共有56筆。這一時期吳鐵城主管港澳僑務與出任國民黨秘書長。兩人在1945年8月抗戰勝利前的接觸都是在黨內演講場合，如吳鐵城演講或報告。1945年9月後，吳鐵城開始提攜陳克文，兩人在1947-1948年間常有接觸。他的日記對研究吳鐵城在國民黨秘書長最後幾年任內的活動，尤其是1947-1948年間立法院選舉立委及行

---

[24] 呂芳上主編，《蔣中正先生年譜長編》（臺北：國史館，2014），冊3，頁75。
[25] 譚延闓著，《譚延闓日記》（北京：中華書局，2019），1924年9月5日。

政院副院長任內的政務、人事與國民黨派系的往來等十分重要。再者，陳克文與桂系及汪派都有淵源，吳鐵城與與李宗仁等的關係都可自此日記獲得不少線索。1948 年的陳克文的日記也記錄了南京的吳宅豪華程度可與孫科 20 萬美金豪宅媲美，「孫哲生的陵園新居，外間盛傳係二十萬元的美金造成的。這話雖未可信，但布置的精美則確係事實，今天還是頭一次觀光。孫有這樣的新居，吳鐵城的古林寺新居也和孫宅不相上下。因此我想起黨國要人這樣的享受，到底是從那裏來的，他們到底做了些甚麼工作，值此這樣的報酬」。[26]

(4)《陳誠日記》：陳誠的日記有 18 條紀錄與吳鐵城有關。初次紀錄見於 1939 年，中斷了幾年，直到 1944 年才再出現於日記中，分佈的年分都是在抗戰與 1946 年戰後到臺灣，尤其是 1950 年後占了 10 條。陳誠與吳的往來都只是公務與紀念會場合，或是應黨政大老之邀宴而同時出現。這個日記對研究吳鐵城在 1950 年後的地位、他與蔣的關係等很有幫助。尤其是吳鐵城也參與 1950 年初的行政院長人選難產之事。開始時陳誠不願接任，在推薦的名單裡，吳鐵城也是被考慮的一個人選。此外，蔣曾屬意王世杰接院長，但王不肯，據陳誠表示是擔心陳立夫不能合作，這些商談中，吳鐵城都參與其中。其後吳鐵城等人支持陳誠出掌行政院。如果對照蔣的日記可見在遷臺初期，吳鐵城在國民黨高層政治上扮演重要的角色。

---

[26] 陳克文著、陳方正編輯校訂，《陳克文日記 1937-1952》，1948年12月15日，下冊，頁1178。

（5）《王世杰日記》：王世杰的日記裡有 33 條與吳鐵城有關。首次出現是 1938 年 4 月 4 日，時任教育部長的王世杰在日記中批評廣東省主席吳鐵城，他針對學校停課，陷落戰區的青年失學等，認為吳氏處理不當。以後日記多半與黨務、外交相關。《王世杰日記》裡記載的內容對於研究吳鐵城在 1938 年抗戰後，及 1946 年國共內戰開始初期的黨務、外交都有所描述，對理解吳的人際網絡與涉入的事務頗有助益。

（6）《邵元沖日記》，共 9 條，涵蓋年代是 1924-1932，較多出現在 1928-1932 年間。例如，1924 年 8 月 21 日：「中途至哲生處，為次岩【夏爾嶼】捐得二百元。又至吳鐵城處捐壹百元。鐵城小點而貪吝，蓋貪未有不吝者，知孺子之終不可教也」。1928 年 1 月 31 日：「晚開政治分會，決定委孫科為建設廳長，未到任以前由吳鐵城代理」。1932 年 7 月 19 日：「九時參加貴州路英士紀念堂舉行落成開幕典禮，由吳鐵城主席，余報告英士歷史，又何敬之等相繼演說，十一時半散會」。[27]

8. 影像史料：如《申報》、《良友畫報》等有大量的圖像。此外「上海影像資料庫」也有一些照片，如 1933 年 10 月 Galeazzo Ciano（義大利外交部長齊亞諾）pays an official visit to Wu Tiecheng（https://www.virtualshanghai.net > Photos > Images）。

---

[27] 邵元沖，《邵元沖日記》（上海：上海人民出版社，1985），頁44、394、887。

照片三：義大利外
交部長齊
亞諾訪問
吳鐵城

四、吳鐵城研究的反省與檢討

　　從以上的描述可知中外學界有關吳氏的研究十分不足。陳三
井教授在《吳鐵城與近代中國》的序言中指出，歷史人物的研究
如要臻於成熟需有三個條件：一是有一套全集，二是有一部資料
詳贍的年譜，三是有數部公認其權威性的傳記。[28] 然而很遺憾的
是在吳鐵城研究上，這三點都還未能達成，尤其是到目前為止還
沒有一本比較完整的傳記。這個情況是由什麼因素所造成的，未
來又應如何著手？筆者淺見如下。

　　（一）吳氏在國民黨人物之中雖然不如孫中山、蔣介石、汪精

---

[28] 陳三井，〈序言〉，收入陳鴻瑜主編，《吳鐵城與近代中國》（臺北：華僑協會
　　總會，2012），頁9-11。

衛、胡漢民等一線的領導人物那麼知名，然而絕對算是一位國民黨的高層官員，在政治、軍事、外交等方面影響十分深遠。然而為何無法吸引史家研究呢？首先是史學家往往有英雄史觀，認為只有研究一流人物才能寫出一流水準的作品，所以很多研究者會選擇一線人物從事研究。這些人物是「永遠的話題」，比較容易引起關注。所以國民黨人物之中孫中山、蔣中正、蔣經國、汪精衛等人的研究，共產黨之中毛澤東、周恩來、鄧小平等人的研究一直興盛不衰。吳鐵城不如上述這些人物，故吸引不了史家的研究興趣。其次，國共歷史人物引人關注的原因之一是有關鍵史料。如蔣、胡都有數量龐大的日記與書信等；毛澤東有全集。其他下一層級的人物往往因為留有日記而有比較多的研究，如譚延闓、王世杰、傅秉常、陳克文、邵元沖、陳布雷、王子壯等。再者有完整回憶錄也有幫助，如陳公博、陳立夫等。吳鐵城既沒有日記，回憶錄又未完成，這樣一來他提供史家研究的資料有限，無法吸引多數學者的注意。當然這些限制也不是不能克服，只是對史家而言挑戰性比較大。

（二）政治因素的影響：吳氏在黨派屬性上為國民黨右派。1927年清黨之後他與蔣中正關係密切，而成為擁蔣的核心成員，此一傾向也影響到歷史研究者的課題選擇。中國大陸學者，尤其左派史家對這類蔣氏身邊的人物或是貶抑或是忽略。中國大陸博碩士論文完全沒有有關吳鐵城的研究課

題，多半是因為政治立場的關係。至於臺灣學界，我認為除了史料不足之外，另一原因是吳氏太早過世。1953年時臺灣仍未站穩腳步，吳氏即驟然過世。早逝使他的影響力與知名度都較低。在臺灣除了吳氏曾扮演重要角色的華僑協會總會之外，少有機構或個人提倡吳氏研究。

（三）筆者建議當務之急是從事吳鐵城研究的基礎建設。如果我們以蔣中正與胡適的研究作一對比，蔣、胡研究的基礎建設都很充分，也有大型的數位資料庫，取得方便，且不斷有新的材料出現，在學界研究豐富，而迭有新作。吳鐵城研究卻缺乏基礎建設，因此目前的當務之急應是編輯一個吳鐵城先生全集，以及一部翔實的年譜長編，或更進一步能整合各類一、二手史料建置一個數位資料庫，以建立吳鐵城研究的基礎，來推動相關研究。其次，應推動有關吳鐵城的專題研究。目前有關吳氏較好的研究是陳是呈有關吳氏早年生平與思想的博士論文。這一範圍也與他的回憶錄的時間重疊。然而吳氏後半生的研究仍有所不足。在議題上，陳是呈博士論文所處理的三個面向，個性特質、政治思想，以及人際關係，仍是三個非常重要的面向。其中人際關係的課題很值得研究，例如他從早年開始加入的「太子黨」（孫科、伍朝樞等廣東人脈），及後來在國民黨秘書長及立法院與「政學系」、「民主自由社」的關係，[29]

---

[29] 很多人都說吳鐵城屬於政學系，但又不是政學系。有關政學系請見：金以林，〈蔣介石與政學系〉，《近代史研究》，2014年第6期，頁43-60。金以林，〈蔣

以及他自己建立的廣東人與僑務系統（歐陽駒、李大超、祝秀俠、汪公紀、李樸生、陳子木、朱瑞元）的關係等，應加以深入分析。如能有全集、年譜，又能累積一定的二手研究，將可催生出一部完整的吳鐵城傳。同時在撰述之時史家要利用多元史料，超越吳氏本身回憶錄的視野，也超越回憶與紀念性質的文章。換言之，研究者除了注意吳鐵城一生的成就、貢獻與造成他的成功的正面因素之外，同時也要注意他的個性缺失與人生頓挫，這樣才能更完整地呈現一個有血有肉的生命經歷。

陳三井博士回應

克武教授今天的報告，十分全面而且難得，除評介中外學界有關吳鐵老的研究之外，在資料方面為我們提供幾項更難得一見的珍品，例如：

（一）1942年出版的《國家總動員的前鋒》，將來可併入前面劉維開教授所導讀的三種，必要時另行打字統一規格出版。

（二）軍事委員會侍從室珍藏的有關吳鐵城人事資料，涉及鐵老個人生活海派豪華，住豪宅、應酬場面大等評語，頗可重

介石為什麼要用政學系〉，《國民黨高層的派系政治：蔣介石「最高領袖」地位的確立（修訂本）》（北京：社會科學文獻出版社，2016），第12章。傅秉常指出「鐵城並非完全聽政學系之指揮」。傅秉常著、傅錡華張力校註，《傅秉常日記民國三十五年 1946》（臺北：中央研究院近代史研究所，2016），1946年3月8日，頁64。

視，亦證明世間無完人，值得深入再做研究。

（三）至於吳鐵城在任上海市長時和來臺之後於報紙上發表的時評短文，例如他對日和約的看法等，都有助於我們進一步對老會長思想方面有寬廣的瞭解，值得擇其重要者編輯單獨出版，特別感謝克武教授的提示。

（四）為政治人物立傳，年譜應先於傳記，這是重要原則問題，其道理就像「先有雞，再有雞蛋」之容易明白。我有「空谷知音」的感謝。問題在於，完成一部資料詳瞻的年譜，雖在今日電子網路時代，也頗為費時。總之，我們會將「吳鐵城先生年譜」與「吳鐵成新傳」兩書並行考慮，能做則做，量力而為。

（五）最後，克武先生從許多名人日記中剪裁了許多有關吳鐵城的記載值得將來書寫吳傳之參考這一點更不能忽視。相信來日寫傳之時，一定會廣為參閱使用。

接下來，再介紹一位引言人蘇聖雄先生。他是史學界的後起之秀，在臺灣大學歷史系從大學部念到博士學位，早在國史館任職期間，便有幸參與蔣檔（從「事略稿本」到「年譜長篇」的編撰工作），對「蔣總統文物」有相當多的涉獵和掌握，也出版多種自己研究心得和主編的專書，在此不一一列舉。

令人感動的是，早在十年前本會七十會慶舉辦「吳鐵成與近代中國」研討會時，他就撰寫一篇會議紀實，發表於「國史研究通訊」，第 2 期。十年之後再續前緣，就像前述的呂芳上、劉維開兩位教授一樣，緣上加緣，倍感榮幸。聖雄先生目前已轉換

跑道至近史所擔任助研究員，以他的資賦和勤奮，不斷的亮劍出
鞘，年年有收獲，前程正不可限量。

陸、吳鐵城相關檔案概述：
以國史館藏《蔣中正總統文物》為中心

蘇聖雄

　　吳鐵城身為民國重要人物，與其有關的檔案可於國內各大檔案館蒐得，國史館為其一。該館為「總統副總統文物管理條例」的主管機關，也是國內重要檔案史料庋藏機關，典藏政府各機關及私人移轉捐贈的檔案史料及總統副總統文物。檔案史料計約47萬餘卷，區分為「總統副總統文物」、「機關檔案」、「專藏史料」及「其他史料」4大類、98個全宗。[1]

　　吳鐵城之足跡遍布國史館所藏各全宗，於「國史館檔案史料文物查詢系統」以「吳鐵城」為關鍵字進行檢索，計有20個全宗、5,268筆目錄與吳鐵城相關。[2]（表1）

---

[1] 〈館藏介紹〉，「國史館網站」，網址：https://www.drnh.gov.tw/p/412-1003-151.php?Lang=zh-tw，連結時間：2022年3月1日。

[2] 國史館館員持續對各全宗進行細部編目，如增加人名關鍵字，故筆數可能增加，此係2022年4月18日的數字。

全宗名	目錄筆數
蔣中正總統文物	3,485
國民政府	684
外交部	392
閻錫山史料	383
軍事委員會委員長侍從室	184
陳誠副總統文物	34
行政院	20
戴笠史料	17
汪兆銘史料	16
資源委員會	15
總統府	11
蔣經國總統文物	9
褒揚史料	6
司法院	3
個人史料	2
臺灣新生報	2
嚴家淦總統文物	2
張繼史料	1
抗戰史料	1
賠償委員會	1
總計	5,268

其中以《蔣中正總統文物》最多，占比約 66%，是國史館藏吳鐵城相關全宗最多且最重要者。

《蔣中正總統文物》係蔣中正於北伐、統一、抗戰、戡亂等時期所留下的檔案，由蔣之機要人員歷年蒐集整理而成。1948年冬，中華民國政府戡亂失利，蔣中正下野，隨即指示將該批檔案隨中央銀行黃金同艦運臺暫存高雄。1949 年移轉至大溪頭寮

賓館，並於翌年成立「大溪檔案室」存藏，因此外界多以「大溪檔案」稱呼之。1953 年 8 月，大溪檔案室改隸總統府，由總統府機要室兼理該室業務，檔案仍藏於頭寮賓館。至 1979 年 7 月，始由頭寮賓館轉移至臺北陽明山的陽明書屋。1995 年，總統府機要室移轉該檔案給國史館，經過整理、重新編目，正名為《蔣中正總統檔案》（簡稱《蔣檔》）。1997 年初，《蔣檔》陸續開放，被稱作「史料解嚴」，國內外學者趨之若鶩，帶起一波史學研究熱潮。2002 年以後，國史館執行數位典藏國家型科技計劃，配合「總統副總統文物管理條例」，整合檔案以外的照片、視聽、器物等史料，將《蔣檔》改稱為《蔣中正總統文物》。現今，過去難以一窺堂奧的珍貴史料，在國史館的「國史館檔案史料文物查詢系統」中，已可無限制線上閱覽電子檔。[3]

　　國史館的史料整編，依照全宗／系列／卷／件，一層一層分下。整個《蔣檔》為一全宗，下分 11 個系列，即 01 籌筆、02 革命文獻、03 蔣氏宗譜、04 家書、05 照片、06 文物圖書、07 特交文卷、08 特交檔案、09 特交文電、10 文物、11 其他。在國史館的查詢系統以吳鐵城為關鍵字，可見《蔣檔》各系列相關目錄的筆數。（表 2）

---

[3] 國史館編著，《國史館現藏重要檔案文物史料概述》（臺北：政大出版社、國史館，2017），頁300-301。本書關於蔣中正檔案的介紹，係由筆者編寫。

《蔣檔》系列	筆數
01籌筆	157
02革命文獻	70
03蔣氏宗譜	0
04家書	1
05照片	3
06文物圖書	486
07特交文卷	91
08特交檔案	1679
09特交文電	828
11其他	170
總計	3485

　　籌筆係《蔣檔》第 1 個系列，為蔣中正親書之函電或諭令的手稿，內容多為蔣對於重要政治、軍事案件之籌劃，檔案時間起於 1923 年 8 月，止於 1972 年 6 月。[4] 與吳鐵城有關的 157 筆，大多為蔣中正手書吳鐵城的指示內容，例如 1930 年中原大戰期間，蔣中正電致赴東北接洽的吳鐵城、張群速催張學良就陸海空軍副司令職，並催其出兵平津等地。[5]

　　革命文獻係《蔣檔》第 2 個系列，為依記事本末體編排而成的重要檔案彙編，時間起自 1923 年 6 月，止於 1952 年 4 月，編成 167 冊。[6] 與吳鐵城有關者 70 筆，多為蔣中正與吳鐵城的往來電文，以及吳以中國國民黨中央黨部祕書長身分所呈之報告。例

---

[4]　國史館編著，《國史館現藏重要檔案文物史料概述》，頁302。
[5]　〈蔣中正致吳鐵城張群電〉（1930年8月16日），《蔣中正總統文物》，典藏號002-010200-00042-006。
[6]　國史館編著，《國史館現藏重要檔案文物史料概述》，頁302。

如，蔣於1936年電時為上海市長的吳鐵城，低調築成羅店至寶山直達之公路。[7]

家書為《蔣檔》第4個系列，內容為蔣氏致家人、親友書信之錄底，以寄發對象分類，分成「致宋美齡」、「致蔣經國」、「致蔣緯國」、「致親友」、「致蔣孝武」、「致蔣孝勇」及「蔣經國家書」等（副系列）。[8]僅有1件與吳鐵城有關，此為吳鐵城、朱家驊、陳誠商討決定學生運動領導及幹部通信辦法，透過蔣經國函送蔣中正知之。[9]

照片為《蔣檔》第5個系列，僅3件與吳鐵城有關，即3張吳鐵城與蔣中正合影之照片。[10]

文物圖書為《蔣檔》第6個系列，收入蔣中正秘書所編蔣之傳記及年譜長編性質的著作，最有名的為《事略稿本》。該系列共有486筆目錄與吳鐵城有關，主要是《事略稿本》內的相關記述，少部分為《困勉記初稿》、《愛記初稿》、《蔣主席傳記》、《民國十五年以前之蔣中正先生》、《蔣委員長備忘錄》、《復興贅筆》之零星記述。

---

[7] 〈蔣中正致吳鐵城電〉（1936年1月2日），《蔣中正總統文物》，典藏號002-020200-00023-090。

[8] 國史館編著，《國史館現藏重要檔案文物史料概述》，頁304。

[9] 〈蔣經國致蔣中正函〉（1937年8月16日），《蔣中正總統文物》，典藏號002-040700-00003-033。

[10] 〈國民政府主席蔣中正與三民主義青年團第二次全國代表大會出席代表合影〉（1946年9月1日），《蔣中正總統文物》，典藏號002-050101-00007-177；〈總統蔣中正與邵力子行憲立法院集會籌備處主任委員吳鐵城合影〉（1948年11月13日），《蔣中正總統文物》，典藏號002-050101-00011-062；〈國民政府主席蔣中正與全體三民主義青年團第二次全國代表合影〉（1946年9月1日），《蔣中正總統文物》，典藏號002-050102-00001-031。

特交文卷為《蔣檔》第7個系列，包括蔣中正的「親批文件」和「交擬稿件」兩部分（副系列）。檔案編排方式，以時間為序，依次排列，共計72冊。[11] 與吳鐵城有關者91筆，主要為蔣中正給吳鐵城的電文，如蔣電吳鐵城（時為中央黨部祕書長）：與黨史編纂委員會商酌，速編中國國民黨簡史。[12]

　　特交檔案為《蔣檔》第8個系列，收入之文件無特定主題，文件型式也不一致，內容包括簽呈、函札、電報、會議紀錄、各式報告、名冊、信件、書籍、手稿錄底、手令登錄等。區分為分類資料、一般資料、黨務等三部分（副系列）。[13] 與吳鐵城有關計1,679筆，為各系列最多。不過數量雖多，許多與吳並不直接相關。如一份總統府軍務局整理的〈1946年度各情報機關工作總檢討〉，9頁的報告僅一句提到吳鐵城：「〔有關中統局〕正請由吳祕書長〔吳鐵城〕陳組織部長〔陳立夫〕商酌辦理中」。[14] 這是因為吳鐵城擔任中國國民黨祕書長，是該黨代表人，許多事務經過吳，所以特交檔案提到者很多，但僅就吳的脈絡來說，卻又不見得重要。國史館的檢索系統，以關鍵字搜索，將搜尋到「題名摘要」、「相關人員」、「相關地點」、「關鍵詞組」等欄位，除了「題名摘要」，其他欄位不見得為該件內容重心。故欲搜尋與吳鐵城更為相關檔案，可僅搜「題名摘要」以限縮搜尋範圍。

---

[11] 國史館編著，《國史館現藏重要檔案文物史料概述》，頁305。

[12] 〈蔣中正致吳鐵城電〉（1943年3月24日），《蔣中正總統文物》，典藏號002-070200-00017-073。

[13] 國史館編著，《國史館現藏重要檔案文物史料概述》，頁306。

[14] 〈三十五年度各情報機關工作總檢討〉（1947年2月5日），《蔣中正總統文物》，典藏號002-080102-00039-025。

如此則在特交檔案系列，有 1,181 筆與吳鐵城有關，減少近 500 筆，內容主要為蔣中正與吳鐵城的往來電報，吳鐵城給蔣中正的報刊摘要、情報和報告，侍從人員整理給蔣中正的呈表彙集。

特交文電係《蔣檔》第 9 個系列，數量為各系列最多，係以事件為主題，精選蔣中正與各方往返之重要電報彙編而成的檔案。[15] 與吳鐵城有關者 828 筆，多數為蔣中正與吳鐵城的往來函電，也有些與吳不那麼相關。可仿上述方式，限縮搜尋「題名摘要」，可得更為相關者計 624 筆。

其他係《蔣檔》第 11 個系列，為《蔣檔》較晚整編的幾個案卷，如總統事略日記、籌筆、淞滬抗日戰役史材、張群先生文卷、史料整編、文電登記簿、綜合等（副系列）。[16] 與吳鐵城相關計 170 筆，如去電登記簿、文電登記表、一二八事變時之函電、國民黨會議記錄等。

以上即《蔣檔》與吳鐵城相關檔案，檔案數量多，內容豐富。若能依照吳之生涯各階段，打散《蔣檔》不同系列，依時序將檔案整理編排出版（已出版之史料如《事略稿本》可不收入重複），對研究者之利用將更為便利。當然，其他檔案亦有重要者，如國史館《軍事委員會委員長侍從室》全宗，有吳鐵城履歷表與考核表。[17] 或可考慮先以《蔣檔》為基礎出版史料彙編，未來再分階段予以擴充。

15　國史館編著，《國史館現藏重要檔案文物史料概述》，頁307。
16　國史館編著，《國史館現藏重要檔案文物史料概述》，頁309。
17　〈吳鐵城〉，《軍事委員會委員長侍從室》，典藏號129-200000-3567。

陳三井博士回應

　　謝謝聖雄先生的介紹和導覽。經過他有系統的扼要報告，我們得知，國史館珍藏的《蔣中正總統文物》極為重要而豐富，若以「吳鐵城」為關鍵字進行檢索，計有 20 個全宗，五千多筆目錄與吳鐵城相關。這些重要檔案，是將來新寫《吳鐵城傳》時必須過目、篩選、仔細閱讀的重要資料。以吳鐵老在民國時期從政的重要性而言，為他立傳而不引用參考這些檔案，將貽笑大方，不僅無法立足於史學界，所得研究成果也不夠完整、完美，更遑論權威性。

　　如何整理編纂和出版這一系列以蔣中正親書之函電或諭令的手稿，屬於技術性的問題為多，容再與蘇先生詳談處理。

　　最後一位，我們有幸請到黃教授任教臺師大歷史研究所的高足：徐丞億先生，他正在撰寫：《上海市長吳鐵城》碩士論文，目前已完成四分之三，也許到 6 月可以完成。各位知道，上海素有「十里洋場」，「花花世界」之稱，且五方雜處（有華界、法國租界、英美公共租界、日租界之分）十分複雜；論報紙，有《申報》（1872-1949）、《上海時報》（1904-1939）、《中央日報》（1928-1949）等老報、大報，發行量大。徐先生先從《申報》入手，據電子資料庫按鍵耙疏，可以找到大量基本資料，於吳鐵城在上海市長任內政績和涉外交涉定有新見。現在，有請徐先生報告。

柒、上海《申報》所見的上海市長吳鐵城

徐丞億

一、前言

1872 年 4 月 30 日以英籍茶商（Ernest Major）為主的商人集資在上海創辦了《申報》。是中國近代發行量最多、銷售時間最長的報紙。[1]《申報》以商業取向為主，內容多元，包含政治、文化、娛樂、經濟、社會內容，其中以娛樂活動報導比重最高。1912 年史量才（1880-1934）接手經營，聘任《時報》陳景韓為主筆、張竹平為總經理，興建了報館大廈與新式印報機，增加了政論和文藝相關內容，[2] 銷售量扶搖直上，1926 年已達 14 萬份，是全國發行量最大的報紙，[3]，可見其在當時社會大眾中的影響

---

[1] 徐載平、徐瑞芳，《清末四十年申報史料》（北京：新華出版社，1988），頁 18-19。

[2] 王敏，《上海報人社會生活：1872～1949》（上海：上海辭書出版社，2008），頁69。

[3] 方漢奇主編，《中國新聞事業通史（第一卷）》（北京：中國人民大學出版社，1992），頁325。

力。吳鐵城擔任上海市長期間的相關研究，過去大多出現在海外漢學、上海史系列的研究中，代表作品如：魏斐德的《上海警察1927-1937》第十二章「第二次機會：吳鐵城市長當政」、第十三章「新市政秩序的局限」指出吳鐵城欲建立起現代化都市，與同樣廣州籍的蔡勁軍（1900-1988）密切合作，對於國民黨在上海的反對勢力採取暗殺活動，並未加以制止，但也力圖為了現代化整頓警察系統，降低過去收賄、貪腐的風氣，隨著新生活運動的推行，在復興社、藍衣社等黨內鬥爭中，力圖找出一條圓融的統治之路。[4] 安克強的《1927-1937年的上海—市政權、地方性和現代化》指出上海市政府與上海市黨部的權力鬥爭，在1932年勝出，壓制了市黨部。第三章提及張群（1889-1990）在交接市長職位給吳鐵城之後，仍以資產階級的集團作為市政推動的主要合作對象。第四章則論述1931-1932年在面臨日本侵略和國民黨內部的寧粵分裂，過去幾年與上海市民衝突後，吳鐵城重建市政府聲譽的歷程，羅列了相關市政措施，主要以整體施政為討論標的。[5] 布萊恩·馬丁的《上海青幫》則是認為杜月笙（1888-1951）透過公共參與與市政府合作，力圖將自己的黑幫背景洗白。[6] 小濱正子的《近代上海的公共性與國家》指出上海市民的結構性問題，以及有公共性的市民參與傳統，對於地方的建設與救災多所貢獻。白華山的

---

[4] 魏斐德，章紅、陳雁譯《上海警察1927-1937》（上海：上海古籍出版社，2004），頁283-298。

[5] 安克強，張培德、辛文鋒譯《1927-1937年的上海——市政權、地方性及現代化》（上海：上海古籍出版社，2004），頁46-66。

[6] 布萊恩·馬丁，周育民譯《上海青幫》（上海：三聯書店，2002）。

《上海政商互動研究1927–1937》講述一二八事變中，吳鐵城主政的上海市政府與工商界如何應對日本的侵略。主要論點有：（一）取消抗日救國會與相關反日活動並非吳鐵城所領導之上海市政府單方的決定，是得到上海工商界人士支持的結果。（二）國民黨的地方政權並非處於癱瘓狀態，上海市政府在過程中大力運送難民、傷者、維持地方秩序。（三）上海市政府也鎮壓了民間的抗日運動。[7] 以整體的市政治理作為討論。上述討論多集中在政治高層、社會精英的決策當中。然而市政的推動並非僅止於上海市政府、社會精英人士，尤其上海如此多元複雜的地方，吳鐵城是國民政府在中國大陸時期任期最久的上海市長，也在任期當中遭遇最多的內政外交事件。上海因為國民政府過去的暗殺事件、取締抗日運動、學生運動，對於國民黨不甚信任。吳鐵城上任後漸趨緩和，甚至創造了黃金十年的榮景，除了政治的角度，吳鐵城在報章媒體上呈現的施政方針，也是一種無形卻有力的重要因素，促進市民的國族凝聚以及對於市政府的認同。本文嘗試就吳鐵城上任上海市長的第二年，《申報》中相關的報導作為分析。

二、《申報》中吳鐵城的相關報導

《申報》的內容以商業為主要取向，內容多元，以娛樂報導最多，也因此在眾多內容中能被刊載的政治新聞，是編輯認為少

---

[7]　白華山，《上海政商互動研究1927–1937》（上海：上海辭書出版社，2009），頁154-161。

數中的重要事件，是大眾注意且關心的新聞。其中有關吳鐵城的報導可粗分為十一類：「紀念烈士與緬懷典範」、「上海建設與航空運動」、「勞資爭議與法律政策」、「國貨運動與自強方針」、「美術展覽與藝文活動」、「市政會議與政策宣達」、「慶典活動的剪綵致詞」、「中央政策與佈達回應」、「市長的近期動向行蹤」。相關報導的數量，整理如下表：

類別 年分	內政相關									外交相關	
	紀念烈士與緬懷典範	上海建設與航空運動	勞資爭議與法律政策	國貨運動與自強方針	美術展覽與藝文活動	市政會議與政策宣達	慶典活動與剪綵致詞	中央政策與佈達回應	市長動向與政要互動	日本侵華的相關事件	各國公使的往來交際
1932	8	10	2	2	4	3	7	7	8	29	12
1933	19	58	4	10	2	19	34	6	12	6	10

資料來源：筆者根據《申報》整理。

其中報導數量最多的是「上海建設與航空運動」過去有關於航空建設的研究多以航空運動目的、過程、方法、結果為主要內容，[8]但根據《申報》吳鐵城所統理的航空運動中，可見不同面向。（一）航空建設已經被塑造成是國族認同、民族復興最重要的途徑。甚至犧牲了性命也在所不惜。（二）航空運動遍及工商業、各種大眾場合，已經無形中的進入群眾的心裡。關於第一點的案例為 1933 年 01 月 09 日陳其美之子，陳駥夫的追悼會，[9]陳駥夫

---

[8] 李雪，〈1931-1937年「航空救國」運動探析〉，雲南大學中國近現代史研究所碩士論文。

[9] 〈昨日各界追悼陳駥夫〉，《申報》（上海），1933年01月09日，11版。

於 1932 年 9 月 9 日在杭州駕駛練習機碩命後，舉行追悼會，並且發起募捐，再買一架戰鬥機，命名為陳騌夫號。吳鐵城當天致詞表示：

> 今天是上海各界追悼陳騌夫烈士大會、中國現在國難當前、國家民族、趨於危境、希望全國有志青年起來、以智識能力、由政府領導、挽救國難、陳騌夫青年、他是先烈陳英士之長子、知道對於國家責任、「知恥雪恥」、在青年求學時、即準備繼父未竟之志、不幸中道殂傷、今東北事件嚴重、希望有志青年、大家起來、繼續陳騌夫烈士精神、服從黨政領導、共赴國難、則國家前途、或有挽救希望。

家屬則表示：

> 今騌夫雖死，希望全國青年志士，大家起來練習航空，完成騌夫未竟之志。

家屬並未質疑空軍飛行的安全，也沒有要空軍檢討戰機的檢修，反之則要全國有志青年，一起加入航空訓練，吳市長將此犧牲定位為「烈士精神」希望大家能持續挽救國難。救亡國族的情緒在當時超越性命的犧牲。航空是最重的愛國途徑，也可體現在另則報導，有人提出質疑，認為防空應以高射砲為

主，[10] 但吳鐵城仍排除萬難，持續募款活動。並特別表揚相關結合的活動。[11] 第二點可體現在航空飛行器，出現在各式各樣眾人集聚的場合，吳鐵城當時除了邀集各國飛行專家到滬演出之外，[12]飛機開始多方的在各個大眾場合中出現，並且往往快速吸引眾人的目光，例如：1933 年 11 月 7 日的剿匪運動宣傳週

> 航空署特派飛機二、於前日來滬、攜帶五色小傳單數萬份、由虹橋飛機場同時起飛、環繞全市城廂內外、散發傳單、當該二架飛機一為黃翼一為灰翼·先後飛達市商會天空時、飛行頗低並作蜻蜓點水式等表演、同時五色傳單、滿天紛舞、市民均駐足仰觀、並爭拾傳單……。

低空的衝場、翻轉的特技，吸引民眾的圍觀，對當時即便已有多元娛樂的上海人而言，仍頗具吸引力。飛機已與新潮、現代科技、抵禦利器等種種符號已建立聯繫。

三、結語

《申報》上有關吳鐵城的報導，少有刻意的形容性、評論性字詞，多以描述性的文字將事件的發生人物、經過作為報導。在

---

[10] 〈空軍防禦空軍〉，《申報》（上海），1933年04月21日，8版。
[11] 〈四個愛國兒童〉，《申報》（上海），1933年02月01日，15版。
[12] 〈吳市長夫人行擲瓶昇空禮　軍政部派葛敬恩代表接收　往江灣觀禮者達五萬餘人〉，《申報》（上海），1933年06月02日，10版。

歷經上海恐怖統治、[13]工潮、學潮鎮壓之後，上海地方政府尚未確立統治的穩定與合法性，透過全民共同的運動或是塑立起新的符號，有助於凝聚共識，航空建設在當時搭載著抗日情緒，輔以吸人目光的飛行技巧成功的成為新的城市認同，吳鐵城也巧妙運用，在多種場合加入航空元素，輔以紀念總理、緬懷烈士、以及1934年新生活運動在上海的推行、1935年以航空建設作為蔣中正50歲祝壽的禮物，1936年的全國運動會，都是逐步加深民族認同以及國家安定的重要途徑，上述1934年之後的活動也與吳鐵城的施政、人際交往有密切關係，相關的議題將於另文中討論。

陳三井博士回應

徐先生透過 P.P.T.，以《申報》為主要素材，將吳鐵城在上海市長大約5年（1932.1.6-1937.3）任期內的政績和活動，有系統的做了介紹。特別是，他用歸納法把這些活動報導區分為11類，其中與內政相關者9類，涉外者有2類，頗有一目瞭然的感覺。對於他能掌握重點，層次分明的處理方式，表示欣賞。茲就初步想法，先提出數點問題請教：

（一）在命題上，雖說以《申報》為主要資料來源，不知徐先生還會就某些活動報導，同時參閱同時代的《民國日報》

---

13 有關國民政府在上海在1927年的恐怖統治，可參見帕克斯・柯布爾（Parks M. Coble）著，蔡靜儀譯，《上海資本家與國民政府（1927-1937）》（北京：世界圖書出版公司，2015）。

（1927-1932）、《中央日報》（1928-1949），雖說這樣一來，多少已溢出本題，而且增加完稿的期限，但就內容而言，亦有「海納百川」，兼容並蓄之優點。

（二）政績和建設通常有其延續性，吳氏的前後任分別是張群與俞鴻鈞，不知兩相比較，吳的政績和市政建設是否亦會兼述與前後任的繼往開來的傳承部分？

（三）在座談會手冊有關吳鐵城對外交的適肆應方面，其第二項有「與各國公使的往來交際」。按上海雖與首都南京一樣，同為「國之都門」，但各國駐上海使節，理論上僅有總領事（如日本）和領事而已，故吳氏和各國大使或公使在外交上有何往來（應酬交際則可）

徐丞億先生回應

（一）謝謝老師建議，會在後續作品中納入，作為史料參考。

（二）我認為最大的差異是：吳鐵城先生的任期內是過去黃金十年中，大建設實施的階段。相對張群任期，屬於規劃階段。俞鴻鈞則是進入了對日抗戰階段。都沒有吳市長的建設條件。有關承繼的部分：大上海計劃在 1929 年 7 月啟動，但在 1931 年 7 月才奠基開始興建，張群市長任內已完成之工作，只有全市幹道系統、市中心區域道路系統及各區計劃方案。最為實質的各種建築，例如：新上海市府大樓以及新圖書館都是在吳鐵城市長時期修建完成。

（三）的確大多與領事互動，但仍有部分與公使往來紀錄，以本
文 1933 年限為例，在 1933 年 11 月 12 日慶祝意王誕辰，
有古巴公使派德拉、美總領事克審瀚、英代理總領事戴威
森、法總領事梅理靄德總領事白仁德、荷蘭總領事格龍
曼、波蘭使館參贊郭來新斯基、俄副領事巴爾可夫斯基、
以及各國海軍代表等人數頗多，均由意使鮑斯克理與德領
事奈龍奈爾氏、殷勤招待、并各款以香檳至十二時半、始
先後散去。

1933 年 12 月 04 日尼泊爾親王新格氏、前應張銘專使之宴會、
昨晨特往回拜張專使、以表謝忱、隨即偕至外灘匯中飯店親王寓
所。張專使並請新格親王在天蟾舞臺觀名伶程艷秋平劇、並邀本
埠市長吳鐵城、保安處長楊虎及杜月笙等作陪。

1933 年 12 月 07 日美國使節昨晚晉京，吳市長特為設宴招待。

1933 年 12 月 16 日法使昨晨由京抵滬，中法聯誼會昨午歡餞，
今日乘勞塞爾輪回國，法國上院議員奧諾拉氏偕行。

由上述可見，上海似乎是個中轉站，各國使節進京前會先到
上海，離開中國前也會經過上海，吳市長均會盛宴款待，彷彿當
年的鴻臚館的迎賓性質。

捌、問題交流

主持：陳三井博士

因所剩時間不多，無法開放較多時間讓在座貴賓提問，與引言人交流切磋，故盼發言貴賓長話短說。

藺斯邦先生發言：（本會常務理事）

今天非常榮幸有機會聆聽由華僑協會總會舉辦的深具歷史、文化與現實意義的學術座談會，對增進中國近代史及華僑協會總會的認識有很大助益，非常感謝華僑協會總會舉辦是項活動，也謝謝陳常務理事三井先生的努力籌劃及貢獻。

也請允許我提出幾個問題請教各位學者：

一、請教呂芳上教授：

  （一）吳鐵城先生對北伐統一、抗戰建國及僑務、媒體等均有參與及建樹，對中華民國有重大貢獻，如何將吳鐵城先生愛國、忠誠及勇往直前的精神文化，繼續保持及發揚，以讓國人對中國近代史有更多認識？

  （二）中國在五四前後，出現了國民黨的孫中山、蔣中正、

戴季陶；共產黨的李大釗、毛澤東、周恩來等兩黨菁
英人士，但也造成中國幾十年的動盪及直到今日的兩
岸對峙。如果孫中山先生多活幾年，這種局面能否避
免或改善？從長遠的趨勢看來，兩岸目前的體制，哪
一種體制能避免治亂循環、期能使中國長治久安及長
遠發展？

二、請教劉維開教授：

（一）吳鐵城先生認為廣東在全盤抗戰中除了首都南京以外
是全國第二個重要的地方，「因為中國海空軍力量薄
弱及不足，不足以保護海岸線使不被敵人封鎖。……
因此廣東實際形勢上，便由後方變成前方。」既然中
國海空軍力量相對日軍處於弱勢，陸軍的裝備、訓
練也有所不足，在這樣的情況下，若在沿海地區又開
展大規模正面衝突，依當時國軍的條件來說，似非良
策。鐵老是否思考過長期抗戰的條件及選擇如西北、
西南，作為抗戰的大後方，以支持長期抗戰？

（二）抗日戰爭勝利後，大陸很快由中共取代，其中原因眾
說紛，依劉教授的看法，關鍵的因素有哪些？

三、請教黃克武教授：

刊登吳氏的報紙文章數量甚多，在中國近代史的人物中亦有
相當影響力，包括俄、日、美等都有相關資料。但吳氏在臺
灣、大陸的博碩士論文中的數量卻不多，似乎尚未受到兩岸
學界應有的關注。其中一些原因，黃教授也已指陳。依教授

的看法，在改善這一現象的前提下，應有哪些努力？其所顯
示的意義又是什麼？

四、請教蘇聖雄教授：

《蔣檔》與吳鐵城相關的檔案甚多，內容也很豐富，惟散見
於各方。在方法上要如何整理編排出版，以利研究者研究，
就此而論，蘇教授認為應有何具體的作法？以利增添民國史
的內涵及發揚光大。

五、請教徐丞億先生：

吳鐵城先生主持上海市政多年，市長任內鼓舞抗日思潮及支
援抗日，並努力推動市政改革及市政建設。請問徐先生，吳
市長主持的上海市政是否有可供現代市政參考學習之處？

六、謝謝各位學者專家今天提供這樣好的學習機會。

 劉維開教授回覆藺斯邦先生提出的兩個問題如下：

（一）就現有的資料，我個人沒有看過吳鐵城有沒有思考過長期
抗戰的條件，《抗戰言論集》是集結他在 1937 年 7 月至
9 月的言論，也就是對日抗戰初起時的言論，當時淞滬會
戰還在進行，只能說他預見上海戰事並不樂觀，而上海一
旦失陷，廣東就成為對外的樞紐，地位自然重要，加強備
戰，動員民眾，是必然的工作。至於淞滬會戰結束，南京
失陷後，廣東成為國民政府最重要的對外管道，乃至日軍
攻入廣東後，吳鐵城有那些言論，需要花時間去搜集，才

能進一步理解他的想法。

（二）藺斯邦先生問道抗日戰爭勝利後，大陸很快由中共取代，其中原因眾說紛紜，關鍵的因素有哪些？這是一個很難回答的問題，中外學者專家從1950年代開始就在討論誰應該為失去中國負責任，探討國民黨丟掉中國大陸的原因，我認為這不是單一或關鍵因素的問題，而是一個整體的問題，每一問題都會與另一個問題相連結，環環相扣，而且這也不是我們今天可以討論的問題。

 蘇聖雄教授回覆：

吳鐵城先生歷任首長要職，許多檔案所以與吳先生有關，是因為他是首長，代表某一機構，但相關業務吳可能並不清楚。若欲編排整理吳先生的檔案，宜先排去這一類檔案，這樣的話比較集中，比較容易整理。再來可以先條列吳先生的重要行止，以他參與的事件為中心蒐羅相關檔案，這樣既可凸顯吳先生事蹟，展現專題性，也可避免出版的檔案彙編過於紛雜。

 徐丞億先生回覆：

透過國史館檔案看到與蔣公的電報來往，看到吳市長對於學生運動、思想、學潮非常關注，對於留學生也特別照顧，會在出國前宴請，回國後接見。在相關的紀念集也看到留學生對吳市長

的接見留下深刻記憶，在日後進入政府部門工作後都感念在心。對於青年人才的培養與關注，不僅是外交、教育部門，以市長之姿關注、關切，有利於長遠的政治人才儲備與人脈培養。

吳市長在上海建設中除了硬體的建設，軟體建設如畫展、藝文活動，甚至體育活動（第六屆全國運動會）均大力投入，有助於民心的凝聚，今日仍頗具參考價值，吳市長也藉各項活動，完成了多樣的建設、2017 年臺北世大運、2022 年的 PLG 職業籃球比賽、中華職棒賽會，都成功凝聚民眾向心力，不論民族意識、國族意識、市民意識等，都可見於其中，政府當局也能藉此獲得政治紅利。是故「辦活動」在今日仍是透過以政績、拉票綁樁的途徑，透過辦活動以結合市政的長遠建設發展，當時的上海非常值得今日各城市的借鑑。

 　何邦立先生書面發言：（本會顧問）

本次座談會，由於事前規劃，邀請幾位重量級學者每位特定的題目，做深入的挖掘與探討，才能有此成功。藉此次研討的內容，再加整理充實，對本會創會理事長吳鐵城一生的事蹟必能彰顯。本會會史才能更為完備。個人不才，對抗戰史略有涉獵，有幾點小建議就教於幾位學者專家如下：

（一）1940 年 3 月下旬，南洋僑領陳嘉庚抵重慶，國共兩黨爭相拉攏爭取。陳赴延安參觀後，態度改觀轉為親共，同年秋中央派國民黨海外部部長吳鐵老代表蔣總裁，親赴新馬

南洋宣慰僑情，為時五月餘，以爭取抗日僑心，團結一致。至於鐵老南洋之行成敗，吳與陳嘉庚兩人的競合關係，若能多所著墨澄清更佳。1941 年春，鐵老被任命為中國國民黨秘書長，年底於太平洋戰爭爆發後，南洋各地相繼淪陷，為謀歸僑之安置與僑領之救濟，吳氏遂聯絡與國內人士，於 1942 年 5 月成立南洋華僑協會，為本會之濫觴。

（二）陳嘉庚的南洋華僑機工與滇緬公路的暢通運輸，對抗戰勝利的影響至鉅。對機工隊成員未能妥善的照顧，無形中增加陳嘉庚對中央的無奈與反感。雖然陳嘉庚聯絡的對象為西南運輸處長宋子良（宋子文弟弟），但不知吳鐵老在這方面對陳有無協助，或溝通如何？

（三）下午貴賓在八十會慶致詞，馬英九前總統特別強調華僑空戰英雄陳瑞鈿和滇緬機工隊女扮男裝李月美的故事，印證了「華僑為救國之母」的名訓。從華僑飛行員、滇緬機攻隊到林可勝的紅十字會救護總隊加駕駛護士，都直接影響到抗日戰爭，吳鐵城是否與他們有所接觸，希望在資料方面多做挖掘。

（四）吳鐵城在上海市長任內，甚為活躍，見諸上海《申報》報導。建議作者可將航空建設、籌款購機祝壽、航空救國，另闢一章（或專文），蓋所購 50 架霍克三（就是空軍四大隊高志航所屬的鐵騎飛鷹，1937 年 8 月 14 日寫下空軍輝煌的戰史）。

（五）吳鐵城新書出版後，希望陳三井前理事長再次主持高信

（人言）先生一生史料的整理工作，讓協會的歷史得以完整充實。

徐丞億先生回覆：

謝謝寶貴建議，將在日後另闢專章說明。

陳三井博士發言：

有位本會會員，要我代為請教黃克武教授一點，即日本學界除了數本日語有關吳鐵老小傳外，能否代為查詢檢索，他們還有無對吳鐵老單篇和成書的研究成果？

附錄

壹、也談人物傳記的書寫／陳三井

一、引言

中華歷史綿延數千年，文化博大精深。中國堪稱是個史學王國。大家熟知，一部廿五史便是以「紀傳體」為核心的正史。所謂「紀傳體」就是以人物傳記為主的書寫方式。司馬遷作《史記》，大抵以列傳占了極大的篇幅，從武功彪炳的帝王將相，到百業百工的專士，都有專傳或類傳的設立。所以說，人物傳記乃中國古史的珍貴傳統，並不為過。

我華僑協會總會創立於 1952 年 5 月，迄今已有八十週年的光輝歷史。我會甫於 2022 年 5 月盛大紀念會慶，若能藉此機會為創會理事長吳鐵城先生暨前幾任已作古的馬超俊、高信、張希哲、梅培德、黃海龍等理事長修書立傳，留下信史，應也是繼往開來的一項有意義創舉；同時，或也是眾多會員引頸期待的盛事。

二、回溯古史傳記

歷史的種類既多且雜，有概論式的通史，也有專論型的局部史；有一個時代或一個民族的編年史，也有思想史或或制度史，不用說也有自傳或個人回憶錄。歷史的策略有大到可以並籌各種方式的敘述，能夠兼容現在與未來的各種不同觀點。

傳記像其他類別一樣，也是歷史的一種，或許是較主要的一種，但平心而論，它應是最古老而且一直是最受歡迎能風靡當世的一種，因為人物才是啟動歷史風雲的主角。一篇有價值的人物傳記，乃是超越特殊的個體，且多能以藝術和文學的型式達成。若將歷史比做一棵大樹，傳記就好像是軀幹，大樹看似枝葉繁茂，欣欣向榮，但若一旦去其軀幹，則樹的枯萎便在頃刻間了。

三、西方史家看傳記

中國講究傳記的學問，西方也不例外。西方早在希臘時代，便有傳記的出現，至十八世紀末十九世紀初，西方經過一場史學運動（historical movement）才將西方史學由中世紀帶到一個嶄新階段，名家輩出。傳記史學在歐洲發展獨盛，尤其英國維多利亞時代是英國傳記最發達時期。原因與當時英國社會的風尚極有關係。英國的中產階級凡死了一個人，其家庭或親朋好友必為死者物色一位作家寫一篇傳記。作傳之目的，自然希望揄揚死者的各種美德。在美國，牧師常替人做這種工作。總之，修傳在當時英人心目中，是一件百年大事，遺憾的是，西方在學術嚴謹的大帽

下，重新檢視傳記在史學研究中所扮演的角色，認為傳記、自傳、回憶錄或年譜等，僅是「學術界的私生子」或枝微末節，將之排除在學院高牆之外。至 1990 年，史東（Lawrence Stone）提出敘事的復興（rivival of narrative），同時歐洲興起「微觀史學」，才使得傳記的書學與研究賦予新的生命力。另一方面，口述歷史，大眾史學的出現，為史學寫作的「民主化」開創新局，不但促成更多有價值傳記的出現，也帶動新一波的傳記研究，此即有史家所謂的「轉寄轉向」（biographical turn）。

西方史家視歐美早年的傳記為次等的歷史著作，將之邊緣化，甚至認為，大學研究所中的博、碩士論文與學界的升等或續聘等著作，甚少以傳記著作為考慮對象。這是矯枉過正的作法。

傳記在西方受到部分史家的拒斥，甚至學院派的輕視，乃至產生「傳記復興」或「史學革命」，這是學術日新月異的常態，值得鼓舞按讚。同樣的，因為學術乃天下公器，中西交流互通，截長補短，勢所必然。他山之石，可以攻錯。在此，筆者列舉西方學者對於中國歷史和傳記的批評如下，聊供參考：

（一）中國史學中的傳記部分，枯燥而無人的氣息，傳主之間沒有顯著的不同。傳主生平的全貌看不到，傳記文學家也幾乎僅寫與自己同一社會群體的人物。

（二）中國傳記 2 千年來，沿襲司馬遷列傳的體例，不曾改變，沒有長篇鉅製，普通都是一千字左右，無法與西方動輒數十萬言的傳記相比擬。

（三）他們認為中國史學（包括傳記）太受儒家思想的影響，官

修正史固然彌漫儒家道德觀念，私家史學的基本概念，也
富儒家道德觀念的色彩。因此，歷史被認為是政治倫理的
鏡子，必須以儒家標準去評判，去褒貶。

（四）中國史家缺乏西方史家那一套分析，解釋與綜合的藝術。
史家以敘事為首務，不注意史實間的關聯。

（五）更有甚者，指出中國史家寫史，是「用剪刀與漿糊編纂而
成」。

四、話語權—傳記的形塑

無論傳記的書寫和西方所謂的形塑（shaping），有一個神聖
的意涵，那就是「為史家找材料，替文學開生路，讓國家存信史，
使名人留偉蹟」。簡而言之，就是為個體、群體或國家民族取得
話語權。

一篇或一本成功的傳記，它應該是一篇或一本求真的史學著
作，同時又是一篇或一本文字優美的文學創作。司馬遷《史記》
中的不少列傳，都兼有「真」與「美」的特性，故流傳至今仍受
廣大讀者歡迎。

傳記學家與史學家當然有其分野。前者以人物為重心，儘可
能讓它呈現，將人物的性格不憚其煩和盤託出；史學家則不然，
他不能將人物的細節，一一寫到歷史上。因為他的工作園地相對
遼闊，他必須有所精簡與衡量。尤其重要者，他必須力求嚴肅，
不能將毫無意義之事或過於瑣碎的情節寫入。傳記學家應是專業
化的史學家，而史學家則應珍視傳記學家的成果。

傳記大致可分為長傳、短傳（即小傳）與類傳幾種，書寫長傳以詳盡為原則，旁徵博采，巨細靡遺，且須瑕瑜不掩，善惡美醜，一一託出。例如寫唐太宗傳，不但應述其盛德事功，而且應將其在玄武門之變所表現的殘忍和盤託出。

對長傳人物中的性格，應做細膩的分析與描繪，尤其應從時間上觀其變化。人性是會變動的，時間變了，或偶然事件發生了，沒有人不變。傳記家應注意人物性格的各方面，將其最富意義的一面託出。某一時間點上的所謂偉大，可能是大愚，不一定是大仁大智大勇，更不一定是高高在上的大位。成功者不一定偉大，失敗者不一定渺小。史上不乏先例，不在此舉例詳述。還有，將人物浪漫化，也是史學上的大忌。總之，傳記的形塑，理論和方法甚多，並非一篇短文所能盡述。為什麼要書寫和出版傳記，主要是掌握話語權。

五、結語

不少僑壇先進和本會會員朋友，最近見面時常會問起為創會會長吳鐵城新修傳記事。本文是回應他們的關心，順便向大家報告進度和個人的一些粗淺想法。

第一，修史立傳是嚴肅而認真的大事，不能操之過急，原則上必先經過準備的階段，即先求資料的蒐集，整理和出版。待資料的掌握彙整，有八成把握，始能展開書寫工作。目前所掌握的重要資料已有三種，希望明年六月之前能夠出齊，所以傳記的書寫列在第二個階段。

第二，鑒於吳鐵城理事長一生革命和從政，範圍極廣，單憑個人能力不易短期內達成，可能採一人主編，多人分期分段合寫的方式進行，至少以 40 萬字為目標，預定於兩年內完成。

第三，傳記的書寫，如同史著論文一樣，史家需要平靜安穩的心思，不慕榮利，青燈黃卷，埋首几案，投入時間和精力不在話下。希望大家一本愛護、鼓勵的態度，積極為他們加油，將來為本會完成一項曠世之作。

參考資料

杜維運著，《與西方史家論中國史學》，中國學術著作出版委員會，1966年 7 月。

杜維運著，《聽濤集》，臺北弘文館出版社，1985。

毛子水，〈我對於傳記文學的一些意見〉，《傳記文學》1 卷 1 期（1962.6）頁 7-8。

杜呈祥，〈傳記與傳記文學〉，《傳記文學》1 卷 2 期（1962.7）頁 6-7

程滄波，《論傳記文學》，《傳記文學》1 卷 3 期（1962.8）頁 4-6。

杜維運，《傳記的特質和寫作方法》，《傳記文學》，45 卷 5 期（1984.11），頁 39-43。

連玲玲，「開幕致詞」，〈形塑傳記：歷史性與日常性〉，中央研究院近史所國際學術研討會，2022.11.24

陳建守，〈作為歷史研究取經的傳記／自傳：回顧與展望〉，中研院近史所「形塑傳記：歷史性與日常性」國際研討會論文，2022.11.25

陳三井，〈傳記與歷史〉，收入陳著《學術的變形》，臺中藍燈文化出版社，1979.1 月，頁 124-135。

貳、吳鐵城小傳九篇

一、

（1888 年－）政治家，廣東中山人。留學日美。歷任參謀次長，廣州市公安局局長，廣東省警衛司令，內政部次長，立法委員，上海市市長，廣東省主席，海外部長等職。現任中央黨部秘書長。

引自《當代中國名人辭典》，任嘉堯編，東方書局，民38年。

二、

　　先生原籍廣東中山，民元前二十四年，生於江西九江，九江同文書院畢業，日本明治大學修業，少時即參加同盟會，獻身革命。

　　武昌革命起義，先生與林故主席子超在九江首先策動響應，任九江軍政府參謀次長並代表江西省出席南京會議。民國二年，二次革命討袁未成，奔走日本，次年赴檀香山主持黨務並辦報鼓吹革命。

　　民國五年，回國，先後任大元帥府參軍，討賊軍總指揮等職。

　　民國元年，國父被推為大總統時，任大總統府參軍，次年，當選香山縣民選縣長。開中國民選政治之先河，十二年任廣州特別市公安局長、廣東全省警務處處長、廣東省警衛軍司令。

　　民國十三年，國民黨改組，出任廣州特別市黨部執行委員，次年任大本營參軍長。

　　民十七年，任廣東省政府委員兼建設廳廳長，翌年被選為中央執行委員兼立法委員。

　　民十八、九年先生奉命於役東北，促令易幟並建立黨部縮編軍隊，完成全國統一，被任為國民政府委員。

　　民國二十一年起至三十七年止，十數年間，歷任上海市市長兼淞滬警備司令，廣東省政府主席，全省保安司令，廣東省黨部委員，港澳總支部主任委員，中央海外部部長，南洋宣慰使，中央黨部秘書長，中央執行委員會常務委員兼任國民政府立法院副

院長等職。

　民三十七年當選為行憲立法院委員，並任行政院副院長兼外交部長，現任總統府資政及中央評議委員。

　先生性情和藹，待人接物有大度，生活極有規律，態度瀟灑，言詞諧趣，公餘之暇喜讀著作或散步，其著作有「黨政制度及其關係」、「創制複決罷免三權怎樣行使」等書，立論獨到，語多精闢，深為世人所推崇。

　先生除從政以外，常致力於國民外交，與歐美及亞東各國朝野人士接觸頻頻，且為各地華僑所景仰，現仍致力於爭取國外人士對我國反共抗俄戰爭之同情。

引自《自由中國名人實錄》陳祥　民族文化出版社　民42

三、

　　字鐵城，廣東中山人，1888 年（清光緒十四年）生於江西九江。7 歲入九江新安會館私塾。14 歲轉入專館。越三年，入九江美以美會所辦之同文書院，20 歲畢業，加入中國同盟會。1911 年武昌起義，九江響應，組軍政府，任總參議官，兼交涉使；11 月被選為代表，參加上海、南京各省都督府代表會議。1912 年 6 月，隨孫中山入北京，後返上海。1913 年二次革命失敗後，赴日本入明治大學，學習法律。1914 年加入中華革命黨。1915 年奉派赴檀香山辦理黨務，並應華僑《自由新報》聘為主筆。1916 年回國，往來香港、澳門，組織民軍討袁。1917 年 9 月，任廣東大元帥府參議。1920 年任討賊軍總指揮；11 月仍任參議。1921 年 5 月，任大本營中將參軍。1922 年任民選香山縣縣長。1923 年 1 月，任東路討賊軍第一路司令、廣東省警衛軍司令；2 月任廣州市公安局長兼警務處處長，工兵局籌備委員；10 月被指派為國民黨臨時中央執行委員會委員；12 月任財政委員會委員。1924 年 3 月，任廣東全省軍司令。嗣任國民黨廣州特別市警衛軍司令。嗣任國民黨廣州特別市黨部執行委員，並先後兼任工人、宣傳，青年等部部長；9 月任廣州大本營參軍長，國民革命軍獨立一師師長，第十七師師長。1925 年 6 月，兼任廣州衛戍副司令。1926 年 1 月，任國民黨第二屆候補中央執行委員。1928 年 6 月，任廣東省政府委員兼建設廳長。1929 年 3 月，任國民黨第三屆中央執行委員，並任國民政府立法委員，中山陵園管理委

員會委員。1930 年 4 月，任內政部政務次長，未就職，1931 年
6 月，任國民政府委員：8 月任警察總監，僑務委員會委員長；
9 月任僑務委員會常務委員中央政治會議委員。1932 年 1 月，任
上海市市長；同月 27 日又任外交委員會委員；3 月復任僑務委
員會委員長。1937 年 3 月，任廣東省政府委員兼主席：5 月兼民
政廳廳長。旋又兼廣東全省保安司令；同年 5 月，任國民大會廣
東省代表選舉監督，1938 年 12 月，免廣東省政府委員兼主席，
並民政廳廳長。1939 年 1 月，免兼廣東全省保安司令，1940 年 1
月，免國民大會廣東省代表選舉監督；同年任國民黨海外部部長，
赴南洋聯絡華僑。由香港而菲律賓，遍歷印度，印尼爪哇、蘇門
答臘、麻六甲，馬來亞，緬甸等。1941 年春回國，任國民黨中
央黨部秘書長。1945 年抗日戰爭勝利，當選為立法院立法委員。
1947 年 6 月，任立法院院長；11 月任國民大會籌備委員會委員。
1948 年 5 月，任行憲立法院集會籌備處主任委員：12 月任行政
院副院長，兼外交部部長。1949 年 10 月赴香港，後轉去臺灣，
任「總統府」資政。1953 年 11 月 19 日病逝於臺北。終年 65 歲。

引自徐友春主編《民國人物大辭典》河北人民出版社 1991

四、

　　吳鐵城，廣東省中山縣（原稱香山縣）人，清光緒十四年生。七歲就讀於九江新安會館私塾，十四歲由私塾轉入專館，越三年，入九江美以美會所辦之同文書院，二十歲畢業。由林森介紹加入同盟會。辛亥武昌首義，九江響應，組軍政府，出任參謀次長兼外交部長。民元六月，隨孫中山先生入北京，西遊太原，後返上海。二次革命失敗，赴日本入明治大學，專攻法律。民三，國民黨改組為中華革命黨，又率先加入。民四，奉派赴檀香山主持黨務，並應華僑自由新報聘為主筆。民五回國，往來香港澳門，組織民軍討袁，袁死黎繼，國會重開，以功授二等大綬嘉禾勳章。民十，任大本營中將參軍。旋競選為中山縣首任民選縣長。十一年陳炯明叛變後，粵軍二次回粵，中山先生再組政府，奉令領全省警務處兼省會公安局長，建廣東省警衛軍，並創設警衛軍講武堂，考選各省革命青年，入堂習軍事，旋併入黃埔軍校第二期。民十三，協助黃埔軍校蔣校長敉平廣州商團變亂。民十五，任第六軍第十七師師長。民二十一年，任上海市長。二十六年春任廣東省政府委員兼主席，不及五月，對日全面抗戰開始，延至廿七年冬隨軍事轉進而離粵。二十八年春由粵至渝，旋奉密令主持港澳黨務，兼指導閩、粵兩省宣傳抗戰。民二十九任海外部長，赴南洋宣慰華僑，由香港而菲律賓，遍歷東印度巴達維亞、爪哇、蘇門答臘、麻六甲、馬來亞、緬甸各邦，經一百三十城市。民三十年春，自南洋回國，出任中國國民黨中央黨部秘書長。三十四

年日本投降後，當選行憲後第一屆立法委員。三十七冬出任行政
院副院長兼外交部長。四十二年十一月十九日病逝臺北，享年六
十有六。（參考：「吳鐵城先生回憶錄」、「吳鐵城先生紀念集」）

引自「民國人物小傳」

（傳記文學叢刊，劉紹唐主編　第一冊，民國64年）

五、

　　吳鐵城，以字行，原籍廣東香山（後改中山），清光緒十四年（一八八八）出生於九江。幼從塾師習經史及英文，長入九江同文書院。識在九江海關服務之林森，加入同盟會，創潯陽閱書報社，宣傳革命。辛亥九江光復，任軍政府參謀次長兼外交部長。又與林森徒手登海軍兵艦，策動清海軍響應革命。與林森被舉為江西代表，集會南京，選舉孫中山先生為中華民國首任臨時大總統，建立民國。元年（一九一二）八月，隨中山先生入北京，遊太原。二次革命前，奉中山先生命赴江西，密促李烈鈞討袁。失敗東渡日本，入明治大學，專習法律。三年加入中華革命黨，旋赴檀香山主持黨務，任自由新報主筆。五年回國，往來京滬穗之間，觀察時局。六年護法事起，任軍政府參軍。七年五月，軍政府改組，隨中山先生去上海。九年秋，粵軍回粵，奉中山先生命回粵策動民軍驅逐桂軍。軍政府恢復，復任參軍。時群議擬以香山為模範縣，實行民選縣長，參加競選，當選首任民選縣長。十一年六月，以陳炯明之叛變，離任至香港策劃討逆。十二年初，中山先生恢復廣州，任為廣東警衛軍司令兼廣州公安局長。十月，中山先生著手改組中國國民黨，以為臨時中央執行委員。改組後，任廣州市黨部執行委員。十三年九月，中山先生駐節韶關，進行北伐，以兼代大本營參軍長。十月廣州商團事變，奉令率師回廣州，參與平定商團之變。十四年東征，警衛軍一部參加東征。八月，警衛軍改編為國民革命軍獨立第一師，任師長。十

五年二月，獨立第一師改編為第十七師，隸屬程潛之第六軍，仍任師長。五月三十日，幽居虎門，十月被釋，居上海。十八年中東路事件發生，蘇俄軍入侵東北，中央特派宣慰前方，徧至長春、吉林、哈爾濱、扎蘭諾爾、博克圖各地，大聲疾呼：「不到東北，不知中國之博大；不到東北，不知中國之危機。」十九年中原大戰發生，奉命出關爭取張學良支持中央，如願以償。二十一年一月，出任上海市長兼淞滬警備司令。就任未久，上海發生一二八戰役，應變赴機，配合作戰。停戰後，實行大上海建市計劃，至二十三年元旦，各項建築，一體落成，中外觀感，為之丕變。二十六年五月，任廣東省政府主席。七月抗戰發生，廣州為對外運輸中心，任務益為艱巨。二十七年十月，廣州失陷，辭去粵省主席，主持港澳地區黨務，注重國際宣傳工作。二十九年，任中央海外部長赴南洋宣慰華僑。三十年春回國，在戰時首都重慶組織南洋華僑協會，任理事長，任國民外交協會理事長，及中央黨部秘書長。行憲後，當選立法委員。三十七年冬大陸軍事逆轉，隨孫科組閣，出任行政院副院長兼外交部長。三十八年三月行政院改組，去職。在大陸局勢艱危之際，奉命訪問日、韓、印尼、菲律賓等國。來臺後，恢復國民外交協會、華僑協會、中韓文化協會，並組織中菲、中泰等協會。致力國民外交活動。四十二年十一月十九日卒於臺北。（蔣永敬）

引自《中國現代史辭典》，秦孝儀主編，近代中國出版，民74年

六、

吳鐵城：在睡夢中死去

吳鐵城 1888 年 3 月 9 日生於江西九江，原籍廣東香山。小時候由其父延師講授經史、英文等課程，不久入九江同文書院就讀。1909 年與同盟會會員林森（從上海調往九江關任職）在郊遊中相識，逐漸變成好友。他們兩人共同創立了「潯陽閱書報社」，作為宣傳革命思想的場所。

1911 年 11 月中旬，林森與吳鐵城都當選為江西代表，到上海和南京參加各省都督府代表會議。12 月下旬從海外回國的孫中山當選為中華民國臨時大總統，吳鐵城等受到孫中山的接見。當孫中山瞭解到吳乃是自己同鄉，又是年輕有為機智多謀的革命黨人時，非常賞識，於是就把吳留在身邊工作。孫中山辭去臨時大總統職位時，於 1912 年 8 月北上會見表世凱，吳鐵城陪同孫中山。「二次革命」失敗後，袁世凱下令通緝革命黨人，吳鐵城只得亡命日本以靜觀風向。第二年，孫中山在日本東京又成立中華革命黨，吳鐵城緊緊追隨孫中山首批加入中華革命黨。1913 年，宋教仁被袁世凱派人刺殺於上海車站，孫中山決定發動反袁的鬥爭，遂派吳鐵城和居正趕赴江西催促李烈鈞樹起反袁的義旗。「二次革命」後不久，吳鐵城進入日本明治大學學習法律。

1915 年，中華革命黨成立後，吳鐵城奉孫中山的命令，赴檀香山辦理黨務，并任《自由新報》（華僑報）主筆，曾經以「吳丹」的筆名寫文著述，猛烈抨擊袁世凱復辟帝制的罪惡行徑。

1916 年春天，吳鐵城回到香港、澳門等地進行反袁活動，直到在全國人民的討伐聲中袁世凱被迫取消帝制且在人民的唾罵恥笑中死去。孫中山於 1916 年再舉義旗，在廣州成立廣東護法軍政府，吳鐵城被電召回廣州，任大元帥府參軍。後來軍政府改組，孫中山被唐繼堯和陸榮廷等軍閥架空，憤然離職去上海，吳鐵城也跟隨孫中山離去。1920 年 11 月，孫中山又回廣東重組軍政府，吳鐵城依舊當參軍，吳鐵城和孫科等曾到香港籌辦粵軍從福建回師廣東的策應事宜。9 月分，當討賊軍總指揮朱執信在虎門聯絡討桂軍之事時遇難，吳鐵城任代理討賊軍總指揮。陳炯明和許崇智等率領粵軍將桂軍驅逐出廣州，吳鐵城這時便率部分部隊從石岐經寶安、東莞和廣九路進入廣東。當孫中山 11 月赴廣西準備出師北伐時，吳鐵城堅守廣州，不久出任香山縣「民選縣長」。

1922 年 6 月，陳炯明背叛孫中山，炮轟孫中山總統府，吳鐵城在香山縣組織地方團警抗擊陳炯明叛軍。但因寡不敵眾，抵抗遭到失敗，吳鐵城經香港轉赴上海。不久，孫中山命令吳鐵城同古應芬、孫科到香港設立機關，從事策反及接應討伐陳炯明的軍事工作。

1923 年 1 月，孫中山發動討伐陳炯明叛軍的戰爭，粵軍許崇智等部隊在福建組成東路軍經汕頭向廣東方向進攻。吳鐵城當時任東路討賊軍第一路軍總司令。他僅僅習武 6 個月，竟然連戰連捷，偕同滇桂聯軍大敗陳炯明，進克廣州。2 月分，孫中山回廣州設立大元帥府，吳鐵城不久被任命為廣州市公安局長兼省警備處長、工兵局籌餉委員、財政委員會委員等職。拱衛廣州的重大

責任，全部落在他的肩上。當時孫中山大元帥府軍費奇缺，吳鐵城千方百計為籌集款項，以濟軍需之用。當東路討賊軍第一路部隊改編為廣東省警衛軍時吳鐵城兼任司令。同年 10 月 25 日，吳鐵城被指定為中國國民黨臨時中執委，參與國民黨改組工作。他主持設立了警衛軍講武團，選考各地革命青年，學習軍事。講武團共辦兩期，後於 1924 年併入黃埔軍校。吳鐵城麾下的這支部隊，在孫中山開府廣州時期，確實發揮了很大的作用。1924 年 10 月，廣州商團叛亂，吳鐵城奉命率警衛團參加平叛，事後重兼廣州市公安局長，同時兼國民黨廣州市黨部委員及組織部長。在這段時間裡，吳鐵城可謂忠心追隨孫中山，為國民革命做了一定的貢獻。

1928 年，日本帝國主義加緊了侵略中國的法西斯步驟，悍然製造了皇姑屯事件，炸死了張作霖，而且千方百計地威嚇和阻止張學良改旗易幟。當時，閻錫山、馮玉祥和桂系勢力出於多方考慮，紛紛派說客去勸說張學良，認清時局以國局為重。在國民黨南京政府當中不乏學富五車的有勇有謀之士，但派一個重要人物來完成這關鍵時刻非同小可之事，是相當艱難的。蔣介石思量再三，覺得吳鐵城是最佳人選。蔣介石對吳鐵城如此信任，不僅顯出對他的器重，同時也表明吳鐵城的確有不同凡響的才能。

應該說，出使東北，是吳鐵城人生當中最為精彩最為得意的傑作。吳鐵城與張學良多次談判，千方百計動之以情曉之以理；又利用與許多東北將領有故交的有利條件，費盡周折，終於說服張學良衝破日本帝國主義的重重阻力，銳意換幟，統一到國民政

府裡去。吳鐵城的辛勞沒有白費，1928 年 12 月 29 日，東北正式易幟，南北在多年的軍閥混戰之後又得到臨時的＂統一＂，吳鐵城功不可沒，令國民政府刮目相看，讚歎不已。

1930 年，閻、馮、汪、桂聯合反蔣，中原地區頓時兵刃相交，人荒馬亂，百姓苦不堪言。中原大戰的走向，張學良有著舉足輕重的關鍵作用。張學良的幾十萬精兵驍將猶如一隻精力充沛的老虎，虎視眈眈，對交戰雙方都有著十分重要的利害關係。為了不使對方因張學良的加入而強大起來，交戰雙方都使出渾身解數，不遺餘力地拉攏他，頃刻間大批達官顯貴謀臣說客蜂聚瀋陽。蔣介石於是又將這事關重大的難題交付吳鐵城去解決。

吳鐵城以前兩次與東北各界的扎實交誼為基礎，輕車熟路，憑三寸不爛之舌緊緊纏著張學良不放。張學良堂堂一方大帥，一切行蹤內情悉被吳鐵城瞭若指掌。而相形見絀的馮說客薛篤弼、賈景德就自歎弗如了。每月區區 5000 元的交際費比起張群、吳鐵城百萬元以上的鉅資來可謂小巫見大巫。9 月 18 日，張學良通電全國討伐閻馮，東北軍人關，使得力不從心精疲力竭的反蔣派腹背受敵，很快分崩離析。沒有吳鐵城的三寸不爛之舌當百萬之師，蔣介石不可能那麼輕而易舉地穩定局勢。吳鐵城確實為蔣介石再立奇功，大為蔣介石賞識和重用。

1931 年 12 月，上海市市長張群因為上海學生風起雲湧的抗日運動而被迫辭職，蔣介石任命吳鐵城為上海市市長，從而開始了享盡榮華富貴的上海闊佬生活。

可惜，吳鐵城當上海市長，上海已是多事之秋是非之地。

日本侵占東三省後又很快在上海發動了武裝侵略，企圖轉移國際上對中國東北問題的注意，迫使國民黨當局承認它獨霸東北的事實，又把上海變為侵略中國內地的新基地。吳鐵城走馬上任，可謂受命於危難之際，他挑的擔子和負的重責委實沉重。1932 年 1 月 7 日，吳鐵城上任，市政府舉行了隆重的就職典禮，吳鐵城聲稱勵精圖治，建設好上海造福於民眾。

1939 年春，吳鐵城奔赴重慶，受蔣介石密令，主持港澳國民黨的黨務工作，兼管福建、廣東的對外宣傳。1940 年任國民黨中央海外部長。同年秋奉命赴南洋各國聯絡和爭取華僑捐款資助抗戰。他經香港到菲律賓、印尼、緬甸等國，歷時 5 個月。1941 年春回重慶，任「南洋華僑協會」、「國民外交協會」理事長，隨後任國民黨中央秘書長。他對蔣「消極抗戰，積極反共」的方針是積極貫徹的，同時作為國民黨王朝的「幕僚長」，也採取圓滑的手段，盡力排解國民黨各派系、政客之間的明爭暗鬥，力圖穩定國民黨統治集團內部秩序。1944 年 10 月，蔣介石提出「十萬青年十萬軍」的口號，鼓勵知識青年入伍，建立「青年軍」。吳鐵城秉承蔣介石旨意積極參與籌劃，用抗戰名義招募了大量青年入伍。這支青年軍後為蔣所利用，成為他爭奪抗戰勝利果實和反共反人民的工具，吳鐵城「功不可沒」。

1945 年 5 月 31 日，國民黨六屆一中全會上，吳鐵城被推舉為國民黨中央常務委員會常務委員。

抗戰勝利後，全國人民渴望一個獨立、民主、富強的新中國，國民黨統治集團則企圖使中國恢復戰前的社會秩序，也就是繼續

處於半殖民地地位。蔣介石為了爭取發動內戰的準備時間，同意於 1946 年 1 月在重慶召開有國共及其他黨派、無黨派人士參加的政協會議。吳鐵城作為國民黨的代表之一，在軍隊國家化和政治民主化問題上與蔣沆瀣一氣，同中共進行了激烈的辯論，他不遺餘力地在政協會上為蔣介石個人獨裁和國民黨一黨專政搖旗吶喊。

當蔣介石在美帝國主義支持下撕毀《雙十協定》、《停戰協定》發動全面內戰後，於 1946 年 11 月在南京召開偽國大，頒佈偽憲法，吳鐵城對蔣介石採取積極支持和配合的態度。1948 年吳任「立法委員」，曾一度醞釀競選立法院長。然而，此時的國民黨政權就如將傾之大廈，搖搖欲墜。吳鐵城陷入徬徨與痛苦之中，他對未來的一切都感到沒有把握，這位鐵老深深地感覺到自己並不「鐵」。

吳鐵城為了反共真可謂不遺餘力。在 1950 年到 1952 年，吳鐵城恢復了「臺灣國民外交協會」和「華僑協會總會」這兩個極端反共的民間團體，企圖博得世界「愛好民主自由國家」的援助，以加強「海外兩千多萬華僑的向心力」。隨後，吳鐵城又再組中非、中泰等協會，以加強臺灣同這些國家的聯絡。也許是吳鐵城擺出一副「寶刀不老」的架勢，大肆宣言「老當益壯」的反共精神所致，吳鐵城在臺灣的寓所儼然成為「海外各界人士的聯絡中心」。而且，吳鐵城周遊東亞、東南亞等國，遊說反共，因而在國際間盛傳「亞洲反共聯盟」成立，吳鐵城也被稱為「巡迴大使」。但他畢竟是個年高體弱的老人了，這樣心高氣狂使得身體

逐漸惡化。這時，一個突如其來的打擊令他不堪其苦，於 1953 年 11 月暴卒。臺灣輿論只說他因心臟病突發去世。

摘錄自《國民黨中常委的最後歸宿》

（馮春龍編著　華文出版社　第一卷下冊）2005

七、

　　吳資政鐵城先生，以字行，世居廣東中山縣平湖鄉，耕讀傳家，父玉田公，離鄉遠出，商於江西之九江。母太夫人，系出同邑谷都沙尾涌余氏，唱隨相助，克創宏業，舉丈夫子二，先生序長，次子祥。先生生於民國紀元前二十四年，誕於九江之張官巷，幼承家廕，保傅無闕，聰穎過人，崢嶸嶷立。玉田公異之，嘗曰：此兒將大吾門，訪延名師德化徐庭蘭孝廉，授以經史用世之學，又聘邑人鄭公雍鵬授英文，蓋維新之際，中西學問，不可以偏廢也。長乃就學九江同文書院，習普通科學。問嘗聞人道黑旗軍劉永福之戰爭軼事，及甲午中日之戰，我國割地賠款之恥辱，輒憤清庭無能，義形於色。課暇喜閱書報，與人論時事，及東西洋各國之維新革命人物，隱然以革命事業自任。

　　迨同盟會成立，國府故主席林公子超，適任事於九江海關，器先生少年而懷大志也，訂忘年交，誓以刎頸，因林公之介而加入革命同盟會焉。居常相議，以倡導革命，必先啟發民智，而啟發民智，尤必資於書報，於是首創潯陽閱書報社，訂購中外報章及新籍小說雜誌，列陳社中，任人閱覽，而秘密中傳佈各種革命書報，如民報復報各月刊，及民呼民立各日報，無不藉此社以普及內地。又以實行革命，須賴武力，乃創辦九江商團，延聘陸軍五十三標軍官多人，為之教練，一以集合商學界同志青年，研習兵操武學，一與新軍將士往還結納，並以商團掩護，深入工商界下層工作，及與商埠各幫會秘密結合，不三年而根基已立。且九

江鉅商，以粵人為首擘，先生為粵人，又饒於資，以故倍收聲應氣求之效。

辛亥武昌起義，九江遂首先響應，既組軍政府，先生任參謀次長兼外交部長。派兵分守馬當湖口要塞，阨絕清軍上援。清海軍艦隊由黃崗下駛至潯，先生又與林公子超，徒手登海軍各兵艦，說以大義，先後皆反正，滿將榮禧赴水死，而長江艦隊，遂不費一彈，入革命軍之掌握矣。迨國父自歐美歸國，先生與林公子超被舉為江西代表，與十七省代表集會於南京，選舉國父為臨時大總統，建立中華民國，制定約法，改用陽曆正朔。

民元六月隨從國父入北京，西遊太原，後返上海，輔翼國父，策動同志脫遇，參眾兩院議員國民黨獲得大多數之勝利。民二夏，開國會於北京，先生又策動黨團，奔走最力。及袁氏違法逮捕議員，逆蹟已著，先生乃間關南下，首與居覺生先生，國父命至贛，贛督李烈鈞首先發難，皖督柏文蔚、粵督胡漢民相繼響應，人心為之一振。又二次革命先後敗績，先生始東渡日本，入明治大學，專攻法律。民三國父改組國民黨為中華革命黨，先生又最先加入，贊同宣誓印摹。逾年奉派赴檀香山主持黨務並由華僑自由新報，聘先生為主筆，對於袁氏之叛國黷法，攻擊不遺餘力。袁氏疾之刺骨，乃嗾使其黨羽，藉外交官之勢力，摘自由新報社論中「口誅筆伐」四字，延美國律師，指先生為無政府黨，以教唆殺人罪控先生於美國法院。先生從容與原告對簿公庭，以英語解釋華文字義，詞暢理直，原告及律師均語塞，終判先生勝訴，傍聽席上坐滿中美人士，無不贊譽。美國自有史以來，因訴

控無政府黨而公開審理者，此為第三案，而以外交官吏，代表其政府，控訴其僑民，竟至敗訴者，則殊少前例也。以故中英文報紙，爭先紀載，傳為美談。民五春，先生回國，往來於香港澳門，聯絡同志，組織民軍討袁，袁氏見大勢已去，取消帝制，愧憤而死。黎元洪依法繼任，國會重開，先生以功授二等大綬嘉禾勳章。

　　督軍團叛變，張勳擁廢帝溥儀復辟，黎公被迫去職，國父遂宣言護法，電召先生赴粵，召集非常國會，組織大元帥府，先生任參軍，密勿黨國，堅苦撐持。國父固倚先生為股肱，而同志亦悉與先生同甘苦，聲譽因以日隆，威望因以日重。及軍政府改組，國父因加入者非伍，乃赴滬著書，先生隨之去粵，日侍國父左右。民國十年，先生奉國父命，偕孫科、古應芬諸先生，在港策應粵軍由閩回粵，及許崇智率師長驅直入，通電擁戴國父，革命基地，於是奠定。朱執信先生之在虎門遇難也，先生奉命代理討賊軍總指揮，誓師石岐（今中山縣城），率陳德平旅及中山保衛團隊，經寶安東莞，自廣九路進入省垣，任大本營中將參軍。國父方將北伐，率胡漢民、許崇智、李烈鈞、朱培德諸先生駐桂林行營，而命先生與謝持、徐謙、廖仲愷諸先生留守廣州大本營，倚畀之殷，責任之重，一時無出其右者。

　　時群議以香山（今之中山）為全國模範縣，實行民選縣長，以開地方民權之先河，先生以革命功勳，桑梓德望，公開競選，得人民一致之擁護，首膺民選第一任模範縣長。不期年政通人和，弊除利興，百端建設，燦然具備。不意陳逆炯明叛變，國父蒙塵，傳檄地方，入勤討逆。當時附省各縣，均以逆軍勢張，首

鼠畏葸，而先生獨伸大義，索集地方團警，分路入援。地方人士咸謂陳逆作亂，對先生早存戒心，向有精兵一團，駐紮香山監視戒備，縣果出兵，勢必無幸。先生乃曰：以卵擊石，孺子知其必敗，然吾長縣，乃受香山百萬父老子弟之託，以順討逆，以正除邪，只有是非，遑論成敗，今日之事，義無反顧，但存一息，豈共戴天。於是轉戰而前，頗多斬獲，雖眾寡勢異，終於敗績，然而義聲所播，人心為之轉捩，逆軍為之分化，可徵先生當危疑震撼之際，大義凜然，威武不屈，所謂臨大節而不可奪者，先生實足當之矣。未幾，粵軍二次回粵，滇桂軍亦順珠江而東，先生號召沿海民軍，叛軍之脅從者，紛起響應，規復廣州。國父受各軍之擁戴，再組政府，命先生領全省警務處兼省會公安局長，樹建地方武力，以固革命根本，又建廣東省警衛軍。先生雖職有專司，而大本營之經費及各軍之給養，亦悉仰先生之籌措，當時雜集廣州者，除粵軍外，尚有滇、湘、豫、皖、贛各軍，半皆自畫守城，截稅籌捐，各自為政，不相統屬，又復索彈索餉，飛揚跋扈，國父則鎮靜如常，始終不失威柄。蓋先生握有軍警兩權，實拱衛之。

民十二年，先生創設警衛軍講武堂，考選各省革命青年，及各方薦送之革命黨員子弟，入堂講習軍事，及黃埔軍校成立，今總統蔣公，奉命長校，革命幹部，始樹基礎。先生能見其大，首先將講武堂全部合併於黃埔軍校，時為第二期，距黃埔建校之始，祇數月耳。故一、二兩次東征，及平定商團土匪之變，第二期員生，皆預其役，至今各師旅將領多起居存問先生之門者，以師生情感厚也。

初，第二次粵軍回粵也，黨中為擴展討逆實力，檄召各地民軍，牽制陳逆後方，以期事半功倍之效，急未暇擇，權宜任使，及事平之後，猶火不戢，祇省城一隅，已有自稱司令部者百數，往往備槍一支僅充守衛，即自稱某路某軍，濫募橫征，騷擾地方。先生奉國父命，嚴密解散，乃於一夜之間，盡收其械，不費一彈，不戮一人，在雜軍俶擾之地，收拾百餘機關，而善遣之。匕鬯無驚，市廛不擾，內外均欽其機密神速，穗城商民，至今猶津津樂道之也。

　　民十三，國父召集國民黨第一次全國代表大會，先生與孫科、廖仲凱先生三人，奉令起草章則，以為大會議案張本，並為臨時中央執行委員。改組之後，先生任廣州市黨部執行委員，歷兼青年、宣傳、工人、各部部長。於治軍從政之外，復致力黨之民眾運動，因勢利導，氣象一新。帝國主義者忌之，陰嗾內奸，肆謀作亂，募匪購械，勢必一逞。民十四春，乘國父誓師北伐，行次韶關，先生代理參軍長，帶兵拱衛，遠離省城之際，英商買辦陳廉伯，受人指使，勾結地痞流氓土匪商團，屢雜持械作亂。國父赫然震怒，於是手令先生，文曰「令吳鐵城統率全軍星夜回省城戡平叛亂此令」。先生奉令，不食不休，立以機車兩部，載兵兩團，身側士卒之內，沉著挺進，計時到達，先入警局，發號施令。先是先生料商團之必叛也，曾以密令臘封，預發所部軍警分局，戒曰：非有非常之變交通隔絕時，不得開視，違者懲罰，及先生之回師也，省城已全入戰爭狀態，交通阻斷，有令莫能盡達，所部各局，啟視密封，乃赫然作戰命令紙也。凡戰鬥序列，

進退攻守，彈藥補充，傷亡救護，某攻某地，某備某方，預料之神，瞭如指掌。受令者既驚其周密，而亂徒又駭其有備，故不崇朝而肘腋之患已告敉平矣。先生但收其械彈，未枉戮一人，安分商民，咸加額手，地方受福，中外稱譽，國父聞報，嘉許者再。方先生之初入警局也，挑燈下令，未草數字，忽有彈穿窗而入，幸未命中，群為驚異，先生頫首治事如故。蓋經險處變，有泰山崩於前而色不變，麋鹿起於左而目不瞬之概，其平素修養功夫之深，於茲可見。

先生掌廣東全省警務兼管省會公安局，前後凡四年，中更陳炯明兩次叛變，鄧如琢由贛犯粵，沈鴻英在市郊叛變，以及劉楊之役，商團之役，身經六次變亂，皆以雍容鎮靜，警護國父，克服危局。尤以總統蔣公兩次東征，及平定楊劉之亂，先生皆身當方面，披堅執銳，所部以守則固，以攻則克。直至北伐，其所練之獨立第一師，後改編之第十七師，始終與役。先生二十餘年來，能受總統蔣公特達之知者，蓋有由矣。

當北伐克定長江流域也，共匪黨羽從中作祟，益肆其僭竊革命果實之圖。於是，寧滬一帶首先倡議清黨，群策群力，漸及武漢，乃得實現所謂「寧漢合作」，自是繼續北伐，卒竟全功，當時，外而結合社會力量，打擊共匪，內而消弭猜嫌，疏導團結者，實以先生之奔走呼籲為最力。

當革命軍之克平津也，東北各省尚張異幟。先生平日交遊，固多東北人士，至是發動同志，函電交馳，對東北各級將領，感以私誼，曉以大義，及至瓜熟蒂落，而相率宣言擁護中央。和平

統一，於焉告成。

民十八，蘇俄來侵，戰端已啟，中央特命先生宣慰前方，作勵士氣，先生冒零下五十度之嚴寒，秉節出關，馳驅於冰天雪地中，堅冰在鬢，猶著鐵衣，往來於中東兩路。徧至長春、吉林、哈爾濱、扎蘭諾爾、齊齊哈爾、博克圖各地，目睹強鄰侵略，貫我腹心，大好河山，脈絡盡失，乃於歸途演說，大聲疾呼曰：「不到東北，不知中國之博大；不到東北，不知中國之危機。」當時中外報紙，爭先登載，譽為名言。蓋以日俄兩國，恣意橫行，侵略勢成，喧賓奪主，故總括兩語，以冀振發國人，早知警惕，庶亡羊補牢，猶未為晚耳。乃果如先生所料，未出兩年，而有「九、一八」之變，識者益敬佩先生有先見之明矣。

是年，又與林公子超奉派共負迎櫬專責，牽移國父靈體，卜葬首都鍾山明孝陵之左，先生竭半年之力，躬親規劃。凡儀仗行列，部伍間隔，地點起迄，時刻分配，民眾執紼，官吏挽柩，皆詳定路線，秩序井然。即微如樂工輿夫，亦各嚴格訓練，齊一步伐，由北平之碧雲寺，以達南京之紫金山，凡輿也車也船也，無一夫不稱其職，無一人不慎其事，隆重嚴肅，得未曾有。如此奉安大典，曠世不一遇，而先生負責斯役，儼如素習，行列迢迢千里，動定若合符節。早在民五，非常大總統在粵舉行就職典禮，十萬民眾遊行慶祝，前所未有，先生主其事，凡遊行之起迄集合分散，井然有序。又民廿四，第六次全國運動大會，在滬舉行，人數亦達十萬以上，其交通秩序，與表演節目，莫不預為配合，有條不紊。蓋由卓越之組織能力，而作精詳之擘劃，周備之布置，

洵非一般人所能幾及。論者謂先生既富於政治家之頭腦,又具備軍事家之精神,確實敏捷,誠不可多得也。

民十九,馮玉祥勾結汪精衛,將謀作亂於北平。分遣游說之客,密結陰圖,擬逞縱橫捭闔之術,以遂犯紀作亂之奸,尤屬目東北各省,冀其合污,以張聲勢。中央素知先生與東北人士,信誼租孚,乃以先生代表中央,率同參佐記室數人入瀋,先聲奪人,形勢立轉,馮、汪所遣之游士,莫不斂跡匿影,知難而去。旋又電請張岳軍先生赴遼,共謀戡亂大計,兩賢合作,相得益彰,日與張學良密計出兵方略,或濱海而釣,或揮塵而談,迨乎局陣佈成,而東北全師已出,不遺一鏃,而叛軍瓦解矣。遠道宣勤,終移使命,否則兵連禍結,冀、魯、皖、豫、秦、晉必均歷劫,由此可知賢者一身所繫,豈下於百萬師哉。後,中央酬庸策勳,初授以內政次長,不拜,復擬設全國警察總監相畀,又婉謝之。但夙夜孜孜,為大局和平奔走,蓋先生奉行和平統一救中國之遺訓,寢饋在念,個人之功名利祿,在所不計,既以和平統一,謀東北之歸附,復以和平統一,作甯粵之調停,當時嫉忌者有之,先生一秉和平統一之初衷,我行我素,然有心彌苦矣。

旋,上海張岳軍市長,拜命中樞,政府以淞滬當海疆要衝,為首都門戶,非仍得文武兼長之才,不足以資鎮懾,乃共推先生出長滬市,而先生亦以國難當前,義無捇讓,毅然受命,顧支危局,果也,就任未滿一月,而「一、二八」之戰起矣,先生久經戰役,生長兵間,應變赴機,能爭先著,立即發動全市市民,配合作戰,而市民莫不踴躍相從,凡飛芻輓粟,救濟病傷,一切後

方勤務，皆由市府任之，尤以防諜肅奸警戒交通各項勤務，悉以委之保安團隊，武裝警察，務使戰鬥列兵，一心向前，無憂後顧，又復折衝樽俎之間，致力宣傳，爭取與國，俾中外人士，明瞭曲直，侵略之戰，釁自彼開，故鏖戰一月，敵終不得大逞，知難而止，結戰行成，是役也，戰以揚我民氣，和以安我地方，先生之功，誠足多也。迨戰事一停，而建設展開，先是黃膺白市長，手訂大上海建市計劃，張市長岳軍，規隨相繼，尚未竟功，及先生之手，遂積極進行，剋期睹效。建江灣中心區，而完成中山路，以接滬西南市，阻遏列強頻年之越界築路；又建虯江碼頭，而免浦江洋商之壟斷；以市府大廈為主，而翼以各局署，及圖書館、博物館、體育館、游泳池、田徑運動場、航空協會等，星羅棋佈，燦然可觀。民二十三年元旦，諸所建築，一體觀成，市府各機關咸遷新署，此充分證明國人具有治理與建設之智能，使中外人士觀感為之丕變，盡去其以往重視租界輕視市區之心理。先生以市長兼淞滬警備司令，一身而握軍政兩權，從容游刃，外弛內張，隱忍肆應，密修戰備，凡橋梁閭閻道路房屋，皆央軍事專家共同設計，暗具堡壘規模，用心之苦，構築之難，有非以局外人所能知者。而日軍挾侵略國策以俱來，今日生一事故，明日出一陰謀，稍一疏忽，即可藉口，而先生智珠在握，動制機先，詔戒市民，遇事小忍，埋首建設，蓄力待時。更以航空救國口號，倡導國人，籌款購機，獻之政府，更藉蔣公五旬誕辰，全國人民熱烈慶祝情緒中，集娛樂金錢，而獻機祝壽，謂壽人即同於壽國，國壽而人亦同壽也，既不虛靡財富，又且表現民心，用意之遠，

立名之正，無人不傾佩先生，善於運用事機也。當第六屆全國運動會之初開也，遠如南洋各埠，東北四省，內外蒙古，新伊康藏，莫不踴躍參加，表現民族精神，及意志團結，於中外人士之前，齊力熱心，出人意表，而尤以東北四省青年，在山河淪陷之後，敵國壓迫之中，亦能冒險參加，發揚正氣，當各省除分列式經過司令臺時，大書鮮明旗幟，曰遼寧隊，曰吉林隊，曰黑龍江隊，曰熱河隊，觀者無不熱烈歡呼，甚至喜極而泣，此其刺激人心，振奮人心，預收功於八年抗戰者，關係如何鉅大。先生於此會之種種部署，祇能為知者道也。而規模之宏大，成績之優良，較之歐美舉行者，並無遜色，故能博得中外人士一致之欣賞與讚許。大會閉幕以後，先生深以運動場地，空曠可惜，乃利用其種種設備，設立一體育專科學校，除應有之課程，遵照部令教學外，又專聘軍事人才，教練兵操，及戰術，兵器，及手榴彈之擲遠擲準，列為學分；一切內務衛生，悉用軍事管理，特種課程，苟不足分，即其他部門及格，亦不准畢業。蓋先生洞明中日之戰，必不能免，只取寓兵於學之制，以待時機，是平時多一體育人才，戰時即多一戰鬥幹部，一舉兩得，莫善於此。惜乎甫及一年，而「八、一三」之戰已開，不及發揮此校之特效耳。綜計先生掌滬市者五年又四月，兼任軍職亦兩年有半，當時幹部人才，可稱全國上選。自「一、二八」之前一月，至「八、一三之前四月，五年有餘，無日不在危難震撼之中，凡政治、軍事、外交，皆叢集先生一身，內弭奸匪之反動，外防強敵之覬覦，學潮，工潮。皆因勢而利導之，或弭或解，應變隨機，吐柔茹剛，消患於無形，

防微而杜漸，市民依賴先生如家長，先生愛護市民如家人，故雖白髮老嫗，黃口小兒，無一不識先生之貌者，無論遇何困難，但得先生一言，全市無不翕然，而人民之有求於先生者，亦皆各厭所望，上下推誠，致乃畢舉。先生又舉辦滬市公民訓練，及學生暑期集中軍訓，受公民訓練者，兩年間逾兩萬人，不分富民鉅室，社會名人，工商領袖，有志青年，爭相自備服裝，請求入伍，不避寒暑，恪守紀律，能盡公民之責任。至學生之受軍訓者，計共三期，而人數可以萬計，為避免日方之嫉視，預移地於蘇州，所參加者，皆滬市之中學生，而盡青年中之優秀也。迨「八、一三」戰起，軍訓學生自動參軍者，更僕難數，祇滬市受訓公民參加戰事者，已六千有奇。分任警戒、諜報、檢查、運輸、爆破、通信、救護各勤務。而持械作戰，增援滬北，保衛南市，掩護國軍主力，因而殉職者，亦數百餘人。故至今公訓同學，擁戴先生，情致殷切，團結合作，久而彌堅。當先生週甲華誕，公訓同學，自期集合，鼓行成列，服裝鮮明，共伸慶祝於市中跑馬臺前者，已逾萬人，而市民自動參加者，約逾十萬。計先生別滬者九年，而市民愛戴之忱，與年俱進，其德政感人之深也如此。洵足啟後來者之觀感，知廉吏之可為也。民二十六年春，政府以粵省治理需賢，特命先生，主持省政，上海全體市民，無分中外，咸縈去思。臨別之日，各國使領，率其軍警，特於江干祖餞恭送，並請先生閱兵，以表崇禮，偉大隆重，開上海百年來未有之創舉。蓋五年政績，已使租界當局自斂其優越感，此非祇先生一人之榮，實為吾全國之光。

先生主粵，以敬恭桑梓之至誠，勤求民隱，革新省政，澄清吏治，建設交通，提高文化水準，扶助農村經濟，其成效最昭著者，則督導冬耕以解決糧荒，延展公路以貫通北江是也。當先生蒞任也，不及五月，全面抗戰，即已展開，敵寇窺伺華南，遣機日日轟炸，粵漢、廣九兩路，以軍運重要，尤遭襲擊。先生力加防備，隨斷隨修，故戰時輸運賴無間斷者年餘。又復注重政事與軍事之配合，凡儲備軍實，趕修公路，構築要塞，清編保甲，訓練團隊，封鎖物資，皆嚴督力行。迨至二十七年冬，軍事轉進，省會緊張，先生單急裝備，與軍事長官，皆在最後退守，非久經戰陣，屢險若夷，決無若此之沉著也。先生離省數十里，而敵之輕裝游騎，已迂道而至，衝冒得脫，亦云險矣。而一抵營地，即開張佈署，省府政務，無一日間，戎馬倥傯之際，尤顯先生因應之長也。

　　民二十八年春，先生由粵至渝，旋奉蔣公密命主持港澳黨務，兼指導閩、粵兩省宣傳抗戰，發動民眾，牽制敵軍後方。在港發刊中英文之日報，及各種月刊小冊圖畫傳單，宣傳作戰要務，鼓勵民心，刊物之多，作業之廣，雖窮鄉僻壤，亦深入普及。於是，民眾抗戰情緒，繼長增高，歐美友邦，對我同情，日有表現。民二十九，中央嘉其勳績，特選先生為海外部長。秋間銜宣慰使命，代表蔣公，宣慰南洋華僑。一曰：為日軍將侵略南洋，我千百萬之僑胞，散居各地，生命財產，損害堪虞，政府軫念僑民，憂心如搗，故預為警覺，早籌自衛，望我僑胞，仰體政府德意，澈明中央意旨，加深團結，與友邦當地政府，通力合作，共禦日軍，使其首尾不能相顧，鞭長不及馬腹，久而自困，必至敗

亡，且天助自助者，自助者，即所以助人也。二曰：國家興亡，匹夫有責，僑胞愛國，向稱熱心，我國在長期抗戰中，自必須大量之人力與財力，源源補充，方可得最後之勝利，當務之急，則輸財參軍也。先生本此兩大使命，由香港而菲律賓，徧歷東印度巴達維亞，及爪哇、蘇門答臘、麻六甲、馬來亞、緬甸各邦，閱時五個月，舟車三萬里，經一百三十城市，講演三百餘會，因人因地，發表偉論，除對我僑胞根據兩大目標，期望輸財參軍外，並對各地人士，闡揚東方文化精神，指斥日軍侵略，有背於人道正義；中國此次抗戰，不獨為己國之生存，實為全東方道德文明而奮鬥，進而為舉世人類和平自由而作戰。故每一廣播，各地收聽。所過之政府，對於先生一致表示歡迎，對我國同情之心，日加深切。而華僑為政府之德意感動，親炙先生之熱誠，立即響應參軍，加速助餉。及太平洋戰起，各地華僑均與當地政府合作，參加戰守，為友邦所敬崇。先生之言論感人，有如是也。

　　民三十年春，先生自南洋回國，為圖華僑與祖國聯繫加深起見，在戰都組織南洋華僑協會，被選為理事長。又被推為中國國民外交協會理事長。而中國國民黨為加強作戰領導，選任先生為秘書長。先生乃揭櫫抗戰建國之大義，一面致力各方意志之團結，一面號召海外華僑之內向，發動國民外交增強各友邦之同情，擴大徵求黨員，充實各戰區之力量。並於戰事倥傯中，遵循國父扶持弱小之遺教，輔助東亞菲、韓、越等邦之建國復國運動，其志士之託庇求助者，莫不予以充分之便利，為戰後東亞之大聯合者，蓋亦預矣。而先生身任數職，精力充沛，推行盡利，抗戰

前途，日顯光明。民三十二年主席蔣公提出「十萬青年十萬軍」口號，將予知識份子，優秀青年，開一報國機會，先生居幕僚之長，戮力奉行，憑高一呼，全國響應，凡學校學生，閭閻子弟，以及農、工、富室，皆捨其平素之豐厚生活，爭先入伍，而甘於金戈鐵馬乾糧革衣之營幕者，匝月而達十二萬四千餘人，超過預定目標，故遠征緬甸者，此青年軍也，勝利受降者，此青年軍也，馳逐東北收復失地者，亦此青年軍也，先生之功，豈不偉哉，民三十四年秋，日本投降，抗戰雖獲勝利，建設方始開端，而共匪構亂，又為腹心之患。國人渴望和平，美友出加調楚，於是有各黨各派協商之舉。惟匪黨根本以顛覆政府為目的，以拖延掩護其侵蝕，無妥協和平之餘地，先生早知其必無效果，惟以時勢所趨，參加是役，由渝而京，栗六奔走者年餘，後果不出先生所料。

憲政開始，各省所選第一屆立法委員多屬優秀賢達，先生亦於粵省選出。召集之始，先生為眾望所歸，一致擁護先生競選立法院長，適孫科組閣，苦邀先生任行政院副院長，兼長外交，並向總統表示非先生同出不拜命。當時朝野僉以兩職均屬國家重任，於先生則宜長立院，而立院同人，有陳勸至淚下者。先生躊躇累日，權衡緩急，卒辭立法委員，加入孫閣。竭力支撐於逆流之中，以迄內閣改組。

近以積勞多病之身，力赴國難，奉命訪日，訪韓，訪印尼，訪菲律賓，先後與麥克阿瑟將軍、李承晚總統、季里諾總統、杜威州長、尼克森副總統及美議員諾蘭等相周旋。在臺恢復中國國民外交協會，策動國民外交，以表現我自由中國之真實民意，以

籲求民主各國之同情援助；又恢復華僑協會總會，爭取海外一千三百萬華僑之內向，團結聯繫，推行國策，共赴復國建國之鵠的；又恢復中韓文化協會，期以文化運動，加強中韓關係；並進而組織中菲、中泰等協會，以期東亞各國之密切聯繫。先生所居臺北寓中，座客常滿，或為歸國華僑，或為國際人士，或為黨、政、軍各界同志，討論家國大事，終朝不息。又為提高民主國家人士之警覺，針對時局，著論發表，高瞻遠矚，每為海內外政論家所稱道。先生夙患高血壓及心臟病，友好均勸其杜絕一切，山居休養，先生報國心切，未嘗從也。民四十二年十一月十九日，先生以心臟病猝發逝世，享壽六十有六，朝野人士，莫不傷慟，尤以海外各地華僑弔唁函電，紛如雪片之來，足徵先生平日感人深也。

先生生平，勤於治事，不厭其煩，早興晚休，精力過人。自第二屆膺選中央執行委員，未嘗少息。有暇喜運動，或偶拍羽球，或杖策散步。日常治事之外，書報不去手。每日應治之事，昨夜已一一筆之於手冊。親友有求，必一面談話，一面記以某事，成否必有答復。苟力之所能，必竭力以助。自奉素儉，衣履之舊者，修治而服用之，非至敝不忍棄也。喜獎掖後進，門生故吏，從之多至十年二三十年者。尤以對故人子弟，矜恤特厚，不以死生之分，而易其交情。嘗吸卷烟，朝夕不去手，一戒即與斷絕。迄今廿餘年，未一復犯。最不喜酒，然不禁人之飲酒。家人生產之事，概不過問。好友，喜談，歲時休假，常約宴親友以為歡。最重舊道德，常言中國名教之中，實有至樂，不可盡廢而專襲他人之皮毛也。舉動不脫略，亦不矜持，雖襲急裝便服，人見之亦肅然起

敬。在稠人廣座之中，先生一來，全場為之注目，所謂千人亦見，百人亦見也。善演講說辭，每擬一稿，不論中文，英文，先生口說，僚佐筆錄，完成讀之，即一篇好文章也。積演講文稿等身，中經數次散佚，而所存在尚百萬言也。對人和藹易親，清談中間有幽默語，人驟聽之不解，及再思之，乃開堂大笑矣。貌常煦煦然，雖兒童見之，亦不畏避。及其正顏色，決大事，剛勁之氣，沛乎四座，雖千百人皆為之辟易矣。先生襲於豐厚，而儉約性自天成，惟於家族親戚朋友之貧困者，則助之無稍吝。早年於平湖鄉自立學校，一以教里中之無資入學者。而親族賴以舉火者數十人，稍有才力者，皆使之就一業。友服遺族孤寡無依者，必卹助之。同盟會之舊友，老廢退居者，常通函問，或錄其往績，代向黨國請邮而救濟之。在公無地域門戶之見，超然為多方所重。

夫人馬氏，粵之順德人，相夫治家，於舅姑能盡其孝養，於子弟能善其育教，先生賴無後顧，如夫人楊氏，隨侍先生宦遊南北，二十餘年，護持先生健康，使能勤政不息，戚友皆賢稱之。馬夫人生男子二，長公子幼林，習政治經濟及市政管理；次公子幼良，習電機工程，皆由聖約翰大學畢業，而又留美十年之學者。長公子曾任紐約領事，現任中央信託局副局長，次公子現在紐約唐納蘭尼克公司任研究室主任。女孫三，美雲、樂雲、藹寶。孫一，乃民。皆幼。

引自國史館現藏民國人物傳記史料彙編第五輯

張震西撰〈吳鐵城先生生平事略〉

八、

GEN. WU TE-CHENG, Government official and Kuomintang Party leader; native of Kwangtung; born in Kiukiang, Kiangsi, 1888; educated at Kiukiang, and later in Japan; active leader of early revolutionary movement; became Assistant Chief of General Staff of the Military Government of Kiangsi Province and concurrently Commissioner of Foreign Affairs, in 1911; delegated by Kiangsi Province to the National Convention at Nanking for the drafting of the Provisional Constitution, and participated in the election of Dr. Sun Yat-sen as the first President of the Chinese Republic, 1911; from 1913 to 1916 was engaged in Kuomintang Party activities in China and abroad; after the failure of the second revolution in 1913, travelled in Japan and Honolulu as political refugee, returning to China in 1916; from 1917 to 1919 served as Counsellor to the President and Generalissimo, Dr. Sun Yat-sen, in Canton; took active command of the Kwangtung Revolutionary Army in 1920; elected the first magistrate by popular vote of Chung shan hsien, his native district, 1921-22; Commissioner General of Police of Kwangtung Province, and concurrently, Commissioner of Public Safety of Canton, 1923; in the same year was appointed concurrently commander of Gendarmes of Kwangtung Province, which force was later reorganized as the First Independent Division, and again as the 17th Division of the Nationalist Army, of which he remained in command until 1926; Commissioner of Reconstruction of Kwangtung province 1928; served for two terms (4 years)as member of Legislative Yuan 1929-32; elected member of the Central Executive Committee in 1929; re-elected member of Central Executive Committee, and concurrently, member of Central Political Council, in both of which capacities he has remained up to the present, 1936; Mayor of Greater Shanghai 1932 to the present; Garrison Commander of Woosung and Shanghai, 1933 to the present, 1936; address: City Government, Civic Center, Shanghai Municipality.

引自 Jerome Cavanaugh Chinese Materials Center Hong Kong 1982 V01 III
"WHO'S WHO IN CHINA"

九、

Wu T'ieh-ch'eng (9 March 1888-19 November 1953), aide to Sun Yat-sen who later served as mayor of Shanghai (1932-36)and secretary general of the central headquarters of the Kuomintang (1941-48).

Although his family's native place was Hsiangshan (later Chungshan), Kwangtung, Wu T'ich-ch'eng was born at Kiukiang, Kiangsi. After receiving his early education in the Chinese classics from private tutors, he began to study English at the age of about 14 sui, and he was graduated from the Methodist T'ung-wen School at Kiukiang in 1906. Plans were then made for him to go to Japan for further study, but his father insisted that Wu should be married before leaving China. Because of the death of the Kuang-hsü emperor in 1908, Wu's marriage to Ma Fang-chi had to be postponed until 1909. In the same year Wu came to know Lin Sen (q.v.)and participated in clandestine anti-Manchu activities. He joined the T'ung-meng-hui in 1910.

In 1911 Wu Tieh-ch'eng again made plans to go to Japan. A Chinese merchant guild delegation was then to visit Tokyo at the invitation of the Japanese government, and Wu, whose father was deputy chairman of the Kiukiang merchants guild, was chosen to represent Kiukiang. News of the Wuchang revolt in October reached Wu in Shanghai as he was about to embark. He then abandoned his plans and returned to Kiukiang to aid Lin Sen in the revolutionary effort. After a republican government had been established in Kiangsi, he and Lin Sen went to Nanking as members of the

Kiangsi delegation to the assembly that elected Sun Yat-sen provisional president of the Chinese Republic.

With the failure of the so-called second revolution in 1913 (see Li Lieh-chun), Wu T'ieh-ch'eng was forced to seek refuge in Japan, where he studied briefly at Meiji University. In 1914 Sun Yat-sen sent him to Honolulu to take charge of Kuomintang affairs and to run a newspaper there. Upon his return to China in 1916 Wu became an aide to Sun Yat-sen. He later became Sun's chief aide. In 1922 Wu was elected magistrate of Hsiangshan hsien, his and Sun's native place, in the first popular elections held there. The following year, he was appointed to the committee charged with After the Sino-Japanese war began, Wu carrying out the reorganization of the Kuomintang. He also became municipal director of public security for Canton, commissioner of public security for Kwangtung, and gendarmerie commander for Kwangtung. After the Kuomintang reorganization in 1924 he also served as an executive member of the Kuomintang headquarters at Canton.

During the turbulent period that followed Sun Yat-sen's death in March 1925, Wu occupied a sensitive position in Canton as public security director and commander of the 1st Independent (later the 17th Division) of the National Revolutionary Army. For reasons that are unclear, he was imprisoned in May 1926, allegedly for negligence of duty, but he was released in October. Little is known about his during 1927. He returned to Canton in 1928 as commissioner of reconstruction. In the spring of 1929 he was elected to the Kuomintang Central Executive Committee and to the newly established Legislative Yuan. During this period, he also began to demonstrate his abilities as a negotiator. During the 1929 Sino-Soviet dispute over the Chinese Eastern Railway and other matters, Wu went to Mukden as Chiang Kai-shek's personal emissary to Chang Hsueh-liang (q.v.). In 1930, when the National Government was Wu T'ich-ch'eng being threatened by the northern coalition of Feng Yu-hsiang and Yen Hsi-shan (qq.v), Wu went to Mukden once again for discussions with Chang Hsueh-liang. Although Chang did not openly support the National Government, his refusal to intervene on behalf of Feng and Yen doomed the northern coalition. In 1931 Wu was among the Nanking representatives to the successful peace talks with such leaders of the Canton secessionist government as Wang Ching- wei, Eugene Ch'en, and Tsou Lu (qq.v.).

In 1932 Wu T'ieh-ch'eng was named mayor of Shanghai. The difficult task of administering that great metropolis required both political sagacity and diplomatic tact. Wu handled both the domestic and the international aspect of the position with deftness and cordiality. His term of office (1932-36)was a period of steady accomplishment in municipal construction despite Japanese military pressure. In March 1937 Huang Mu-sung (q.v.)died suddenly, and Wu was appointed to succeed him as governor of Kwangtung.

After the Sino-Japanese Warbegan, T'ich-ch'eng was transferred to Hong Kong in 1938 as director of Kuomintang affairs in Hong Kong and Macao. He also was appointed minister of overseas affairs in the central party headquarters. In this capacity, he went on a special mission to

Southeast Asia in 1940 to mobilize support for the Chinese war effort. Upon his return from that mission in the spring of 1941, he went to Chungking to assume office as secretary general of the central party head-quarters. He held that high administrative post until 1949. He also served as a member of the Kuomintang Central Executive Committee's standing committee. In 1946 he was a Kuomin- tang delegate to the Political Consultative Conference, and in 1946-48 he was vice pres ident of the Legislative Yuan. In December 1948 his old friend Sun Fo (q.v.)prevailed upon Wu to serve as vice president of the Executive Yuan and minister of foreign affairs in Sun's short-lived emergency cabinet. With the Chinese Communist victory in the contest for control of the mainland, Wu went to Taiwan, where he served as a presidential adviser and as an appraisal member of the Kuomintang Central Executive Committee. In Taipei, he devoted himself to working for the People's Foreign Relations Association and to writing a volume of memoirs, sru-shih-nien-lai chih Chung-kuo yu wo [40 years of China and I]. On 19 November 1953, at the age of 66 sui, he died at his residence in Taipei. He was survived by two sons. Yu-ling and Yu-liang, and by three daughters, Mei-yün, Lo-yün, and Ai-po.

引自 Bibliographical Dictionary of Republican China
Columbia University Press. 1970. V01 II

Howard L. Boorman (ed)

史地傳記類　PC1098　讀歷史152

吳鐵城資料新發現座談會實錄

總　策　劃/林齊國
總　　　纂/陳三井
作　　　者/呂芳上、劉維開、黃克武、蘇聖雄、徐丞億
執行編輯/張明玉
助理編輯/夏敬華
責任編輯/廖啟佑
圖文排版/黃莉珊
封面設計/吳咏潔

出　　　版/秀威資訊科技股份有限公司、華僑協會總會
發　行　人/宋政坤
法律顧問/毛國樑　律師
製作發行/秀威資訊科技股份有限公司
　　　　　114台北市內湖區瑞光路76巷65號1樓
　　　　　電話：+886-2-2796-3638　傳真：+886-2-2796-1377
　　　　　http://www.showwe.com.tw
劃撥帳號/19563868　戶名：秀威資訊科技股份有限公司
　　　　　讀者服務信箱：service@showwe.com.tw
展售門市/國家書店（松江門市）
　　　　　104台北市中山區松江路209號1樓
　　　　　電話：+886-2-2518-0207　傳真：+886-2-2518-0778
網路訂購/秀威網路書店：https://store.showwe.tw
　　　　　國家網路書店：https://www.govbooks.com.tw

2023年6月　BOD一版
定價：250元
版權所有　翻印必究
本書如有缺頁、破損或裝訂錯誤，請寄回更換

讀者回函卡

國家圖書館出版品預行編目

吳鐵城資料新發現座談會實錄 / 呂芳上, 劉維開,
黃克武, 蘇勝雄, 徐承億作. -- 一版. -- 臺北市
:秀威資訊科技股份有限公司, 2023.06
　　面；　　公分. -- (史地傳記類 ; PC1098) (讀歷
史 ; 152)
　　BOD版
　　ISBN 978-626-7187-97-5 (平裝)

　　1.CST: 吳鐵城 2.CST: 傳記

783.3886　　　　　　　　　　　112008474